HEYNE BUSINESS

Kompaktwissen

Karl-Heinz Bilitza

Fit für den Euro

Risiken und Chancen der neuen Währung
Jetzt mit dem Euro planen – jetzt vom Euro profitieren

Originalausgabe

WILHELM HEYNE VERLAG
MÜNCHEN

HEYNE KOMPAKTWISSEN
22/386

Umwelthinweis:
Dieses Buch wurde auf chlor- und
säurefreiem Papier gedruckt.

Redaktion:
Verlagsbüro Dr. Andreas Gößling und Oliver Neumann GbR

http://www.heyne.de
Printed in Germany 1999
Umschlaggestaltung: Atelier Ingrid Schütz, München
Technische Betreuung: M. Spinola
Satz: Schaber Datentechnik, Wels
Druck und Verarbeitung: Ebner Ulm

ISBN 3-453-14952-1

Inhalt

Vorwort

»Dies ist ein historischer Augenblick für die Einigung Europas. Der Euro ist mehr als ein monetäres Instrument. Er ist auch ein Signal für die politische Einigung Europas, die damit in eine neue Phase tritt.«

JACQUES SANTER,
Präsident der EU-Kommission nach der
Festsetzung der Wechselkurse

Das Euro-Zeitalter hat begonnen. Zwar wird es noch dauern, bis wir alle den Euro in der Tasche haben, doch ist es höchste Zeit, sich mit der neuen Währung in allen Bereichen des öffentlichen Lebens vertraut zu machen.
Ein Euro entspricht 1,95583 Mark; oder umgekehrt: Für eine D-Mark gibt es 0,51129 Euro. Diese Kurse wurden am 31. Dezember 1998 von den EU-Finanzministern in Brüssel einstimmig und unwiderruflich festgelegt.
Mit der Einführung des Euro haben sich die elf EU-Länder Deutschland, Frankreich, die Niederlande, Luxemburg, Belgien, Österreich, Italien, Spanien, Portugal, Irland und Finnland zu einem einheitlichen Währungsgebiet zusammengeschlossen.
Vergessen ist, daß der Start nicht ganz einfach war. Die Geburt des Euro war von einigen Komplikationen begleitet. Kritiker sprachen von faulen Kompromissen, die notwendig gewesen seien, um die neue Währung fest zu etablieren. Ist die »kränkelnde Frühgeburt«, wie sie von kritischen Stimmen genannt wurde, auf dem Weg zur starken Persönlichkeit, oder fehlt ihr noch eine kräftige Unterstützung?
Die aufgeweichten Konvergenzkriterien sowie das Ge-

rangel um die Besetzung des Postens bei der Europäischen Zentralbank haben nicht dazu beigetragen, das Mißtrauen und die Unsicherheit der Bürger abzubauen und den Abschied von der D-Mark einfach zu gestalten. Dennoch gibt es kein Zurück mehr: Euro-Land startete zunächst mit elf Ländern, der Umrechnungskurs der D-Mark zum Euro ist endgültig festgezurrt und ermöglicht damit die Kalkulation im Handel, bei Unternehmen und im privaten Bereich.

Die kommenden Jahre werden zeigen, wie stabil der Euro sein wird, wie die Politiker mit den Vorgaben zurechtkommen und wie sich das neue Geld auf Bürger, Sparer und Anleger auswirkt. Die Einführung einer neuen Währung beseitigt das Wechselkursrisiko zwischen den Teilnehmerländern, erhöht die Planungssicherheit insbesondere für Unternehmen und verringert die Transaktionskosten. Die erwartete Intensivierung des Wettbewerbs dürfte den Einsatz der Produktionsfaktoren verbessern und die Effizienz der Finanzmärkte steigern, so daß längerfristig die Wachstumsspielräume, Innovationspotentiale und Beschäftigungschancen in der europäischen Wirtschaft stärker ausgeschöpft werden können. Über den rein wirtschaftlichen Bereich hinaus kann die Währungsunion ein wichtiger Schritt hin zu einer politischen Einigung in Europa sein.

Doch es bleiben etliche Fragen zum Euro offen. In diesem Buch finden Sie anhand vieler Beispiele, Erklärungen und Hinweise Hilfestellungen, die es Ihnen erlauben sollen, sich möglichst schnell mit dem Euro zurechtzufinden. Das gilt zunächst für den privaten Bereich, aber auch für den Umgang mit Ämtern, Verwaltungen und sonstigen öffentlichen Institutionen. Die wesentlichen Veränderungen werden hier dargestellt. Hinweise auf fällige Planungen, Umstellungen und notwendige Änderungen, mit denen wir uns jetzt alle beschäftigen müssen, stehen neben den wirtschaftspolitischen Auswirkungen im Mittelpunkt. In weiteren Kapiteln wird die Frage

behandelt, mit welchen wirtschaftlichen Auswirkungen im Hinblick auf die Geldpolitik und die Veränderungen bei den außereuropäischen Währungen zu rechnen ist. Schließlich beeinflußt die Einführung des Euro auch die Entscheidungen von Sparern, Anlegern und Spekulanten.
Wird der Euro so stabil wie die D-Mark? Wie wird sich der Kurs des Dollar gegenüber dem Euro entwickeln? Wie sicher ist das jetzt angelegte Vermögen? Welche Anlageformen sollten zukünftig gewählt werden? Wer sind die wahren Gewinner der neuen Währung? Dies sind nur einige Fragen und Probleme, mit denen wir jetzt konfrontiert werden. Nur wer rechtzeitig plant, sich mit der neuen Währung vertraut macht und sie in die anstehenden Entscheidungen einbezieht, kann langfristig vom Euro profitieren.

I. Wirtschafts- und währungspolitische Fragen rund um den Euro

1. Stichtag 1. Januar 1999 – Der Euro-Alltag hat begonnen

Die Übergangsphase läuft

Ein umfangreicher Prozeß des Übergangs hat mit dem 1. Januar 1999 begonnen. Diese Übergangsphase wird mit dem endgültigen Ersatz nationaler Zahlungsmittel durch die einheitliche Währung Euro im Jahr 2002 abgeschlossen sein. Damit der Abschiedsschmerz nicht zu heftig wird, haben Sie noch Zeit bis ins Jahr 2002, bevor Sie sich endgültig von der D-Mark trennen müssen.

Die ersten Erfahrungen mit dem Euro liegen bereits hinter Ihnen, falls Sie die Möglichkeit gewählt haben, ihn schon als Zahlungsmittel bei Überweisungen zu nutzen. Jetzt müssen Überlegungen angestellt werden, die eine Umstellung von der D-Mark auf den Euro betreffen: Jetzt schon das Konto umstellen? Rechnungen in Euro bezahlen? Verträge noch auf D-Mark lautend oder auf Euro-Basis abschließen?

Das Europäische Zentralbanksystem nimmt seine Operationen ausschließlich in Euro vor, die Börsenkurse notieren in Euro, und allmählich müssen auch die Bürger den Euro als neues Zahlungsmittel akzeptieren. Für die Teilnehmer am Wirtschaftsprozeß besteht bis zum Jahr 2002 noch die Möglichkeit, ihre Transaktionen in nationaler Währung vorzunehmen. Doch je früher Sie sich an den Umgang mit dem Euro gewöhnen, um so leichter

wird die Umstellung fallen, wenn sich der Euro dann als Bargeld in Ihrer Tasche befindet.
Die Kreditwirtschaft muß die Hauptlast der Umstellung tragen. Die Umstellung der gesamten Zahlungssysteme auf die neue Währung und die Einstellung auf einen verschärften internationalen Wettbewerb zwingen die Banken zu Rationalisierungen und Fusionen.
Im Maastricht-Vertrag sind lediglich die Fixierung der Wechselkurse und der Beginn der einheitlichen Geldpolitik festgehalten. Die praktischen Details, die damit verbunden sind, wurden nicht geregelt. Die wesentlichen Eckwerte wurden jedoch auf dem Gipfel in Madrid im Dezember 1995 festgelegt. Die Geldmarkt- und Devisenoperationen nimmt das Europäische Zentralbanksystem ab dem 1. Januar 1999 in der neuen Währung vor. Euro-Banknoten und -Münzen werden spätestens im Jahr 2002 ausgegeben.
Ferner gibt es Regeln für die Gestaltung der Übergangsphase zwischen dem Beginn der dritten Stufe und dem endgültigen Ersatz nationaler Zahlungsmittel durch den Euro. Wesentlich ist, daß bis zum Jahr 2002 die einheitliche Währung verwendet werden kann, hierzu aber keine Verpflichtung besteht.
Eine einheitliche Geldpolitik mit dem Euro ist nur mit einem europaweiten Zahlungsverkehrssystem möglich. Seit dem 1. Januar 1999 übernimmt das Großbetragszahlungssystem mit dem Namen TARGET (Transeuropean Automated Real Time Gross Settlement Express Transfer) diese Aufgabe. Es vernetzt die nationalen Zahlungsverkehrssysteme mit den Notenbanken des ESZB miteinander.

Umstellung der gesetzlichen Zahlungsmittel auf den Euro

Die auf nationale Währungen lautenden Banknoten und Münzen bleiben bis zur Ausgabe entsprechender Zah-

Aussagen des Madrider Gipfels zu den Maßnahmen in der dritten Stufe

Zeitpunkt	Maßnahmen
Zum 1. Januar 1999	Unwiderrufliche Festsetzung der Umrechnungskurse und Inkrafttreten der Rechtsvorschriften für die Einführung des Euro (rechtlicher Status, Fortdauer von Verträgen, Auf- und Abrunden usw.)
Ab 1. Januar 1999	• Festlegung und Ausführung der Geldpolitik in Euro • Durchführung von Fremdwährungstransaktionen durch das ESZB in Euro • Inbetriebnahme des TARGET-Zahlungsverkehrssystems • Neuemission der öffentlichen Hand in Euro
1. Januar 1999 bis längstens 31. Dezember 2001	• Umtausch der Währungen der Teilnehmerstaaten entsprechend den unwiderruflich festgesetzten Paritäten • Überwachung der Umstellung des Banken- und Finanzsektors • Gewährleistung einer reibungslosen Übergangsphase der Gesamtwirtschaft
Spätestens ab 1. Januar 2002 bis längstens 30. Juni 2002	• Beginn des Umlaufs der Euro-Banknoten und der Einziehung der nationalen Banknoten • Beginn des Umlaufs der Euro-Münzen und der Einziehung der nationalen Münzen • Nationale Banknoten und Münzen verlieren ihre Gültigkeit als gesetzliche Zahlungsmittel • Abschluß der Umstellung in der öffentlichen Verwaltung

Abb. 1

(Quelle: Bundesverband deutscher Banken)

lungsmittel in Euro die einzigen gesetzlichen Zahlungsmittel, die ein Gläubiger als Erfüllung akzeptieren muß. Die Euro-Verordnung wird jedoch vorsehen, daß nationales Bargeld nur in dem Mitgliedstaat Gültigkeit besitzt, der es in Umlauf gebracht hat. So sind auf D-Mark lautende Banknoten und Münzen nur in Deutschland als Zahlungsmittel zu akzeptieren.
Will beispielsweise ein deutscher Tourist seinen Urlaub in Frankreich verbringen, so muß er – wenn er mit Bargeld zahlen will – auf französische Francs lautende Banknoten und Münzen (Sorten) erwerben und diese gegebenenfalls nach Rückkehr aus seinem Urlaub wieder zurücktauschen. Er kann also D-Mark-Bargeld in Frankreich oder französische Francs in Deutschland nur bei Zustimmung des Zahlungsempfängers einsetzen.
In der Übergangszeit, bis die auf Euro lautenden Banknoten und Münzen verfügbar sind, wird ein Umtausch von Zahlungsmitteln unterschiedlicher Währungsbezeichnungen daher weiterhin erforderlich sein. Da der Sortenumtausch nach wie vor mit Aufwand und Kosten verbunden ist, werden Wechselstuben und Banken weiterhin Gebühren für den Bargeldumtausch berechnen dürfen. Gegen Ende der Übergangsfrist werden auch auf Euro lautende Banknoten und Münzen verfügbar sein. Nach der Euro-Verordnung soll der genaue Zeitpunkt der Ausgabe des neuen Bargeldes zu einem späteren Zeitpunkt festgelegt werden. Nach dem »Madrider Szenario« soll dies spätestens am 1. Januar 2002 geschehen.
Das neue Euro-Geld wird die nationalen Währungen nach und nach ersetzen. Dieser Vorgang soll spätestens sechs Monate nach Ablauf der Übergangsfrist – also spätestens am 30. Juni 2002 – abgeschlossen sein. Nationale Noten und Münzen werden dann ihre Eigenschaft als gesetzliches Zahlungsmittel verlieren. Ein finanzieller Nachteil ist hiermit für niemanden verbunden. So werden auf nationale Währungen lautende Banknoten und

Münzen von den Zentralbanken auch nach dem 30. Juni 2002 gegen Euro eingetauscht werden.

Mit den neuen Banknoten und Münzen vertraut werden – Euro und Cent

Die Euro-Banknoten und Münzen in Euro und Cent werden spätestens vom 1. Januar 2002 an in Umlauf gebracht. In einer Übergangszeit von bis zu sechs Monaten, beginnend mit Ende der Übergangszeit, das heißt längstens bis zum 30. Juni 2002, werden Zahlungsmittel in nationaler Währung und Euro nebeneinander bestehen. Spätestens am 1. Juli 2002 sollen die nationalen Währungen dann jedoch vollständig durch den Euro ersetzt sein. Aber auch danach werden Banknoten und Münzen in den alten Währungen von den nationalen Notenbanken in Euro umgetauscht.

Die Euro-Münzen, die von den Regierungen der einzelnen Mitgliedstaaten als Inhaber des Münzregals geprägt werden, weisen folgende Stückelung auf: 1, 2, 5, 10, 20, 50 Cent sowie 1 und 2 Euro. Die Vorderseite wird EWU-einheitlich, die Rückseite nach nationalen Vorstellungen gestaltet werden. Die »deutschen« Euros werden die Bundesbürger mit Bundesadler, Eichenlaub und Brandenburger Tor ins Euroland begleiten. Bei der Münzgestaltung hat man zur Erleichterung auf unterschiedliche Formen, Abweichungen in Größe und Gewicht und hinsichtlich Material, Farbe und Dicke geachtet. Die Ränder der Münzen werden zur leichteren Unterscheidbarkeit verschiedene Rändelungen und Einkerbungen haben. Bei den späteren 15 Teilnehmerländern kann es bis zu 120 verschiedene Motive für Euro-Münzen geben.

Für die Gestaltung und Stückelung der Euro-Banknoten war der EWU-Rat zuständig, der bereits 1994 entschieden hat, daß Noten in 5, 10, 20, 50, 100, 200 und 500 Euro ausgegeben werden sollen. Bei der Gestaltung sollte darauf geachtet werden, daß kein ländertypisches Symbol

wie z. B. der Eiffelturm verwendet wird. Jeder Schein symbolisiert eine bestimmte Epoche der europäischen Kulturgeschichte. Die verschiedenen Zeitalter werden dargestellt durch typische Fenster-, Tor- oder Brückenformen der jeweiligen Epoche, ohne daß real existierende Baudenkmäler erkennbar sind.
So ist beispielsweise auf dem Fünf-Euro-Schein die Klassik vertreten, der Barockstil erscheint auf dem 100-Euro-Schein, und die moderne Architektur des 20. Jahrhunderts wird auf dem 500-Euro-Schein symbolisiert.
Etwas ungewöhnlich für deutsche Geldschein-Benutzer sind die Farben, denn ein Rot, wie es beim Zehn-Euro-Schein auftaucht, ein orangefarbener 50-Euro-Schein und ein 500-Euro-Schein in kräftigem Lila sind anfangs sicher gewöhnungsbedürftig. Diese Farbgebung hat jedoch einen Vorteil: Die Gefahr der Verwechslung wird ausgeschlossen; dem gleichen Zweck dient auch die unterschiedliche Größe nach der Zielsetzung: Je größer der Schein, um so höher der Wert.
In der Zeit zwischen 1999 und 2002 wird es einiger Anstrengungen bedürfen, bis die erforderlichen Münzen und Scheine hergestellt worden sind. Zum Vergleich: Das europäische Währungsinstitut schätzt die umlaufenden Münzen in der gesamten EU auf etwa 70 Milliarden Stück. Dem gegenüber erscheint die Zahl von 12,7 Milliarden Banknoten gering. Doch nicht nur über die Herstellung der neuen Währung hat man sich gründlich Gedanken gemacht, auch das Entsorgen oder ein mögliches Recycling der alten Münzen und Scheine für andere Zwecke erfordert einen immensen Arbeitsaufwand.

Bargeldlos in Euro oder noch in D-Mark zahlen?

Seit Anfang 1999 rechnen die Banken nur noch in Euro. Die Kontoinhaber können sich überlegen, ob sie sofort auf die neue Währung umsteigen oder doch lieber noch etwas länger an der liebgewonnenen D-Mark festhalten.

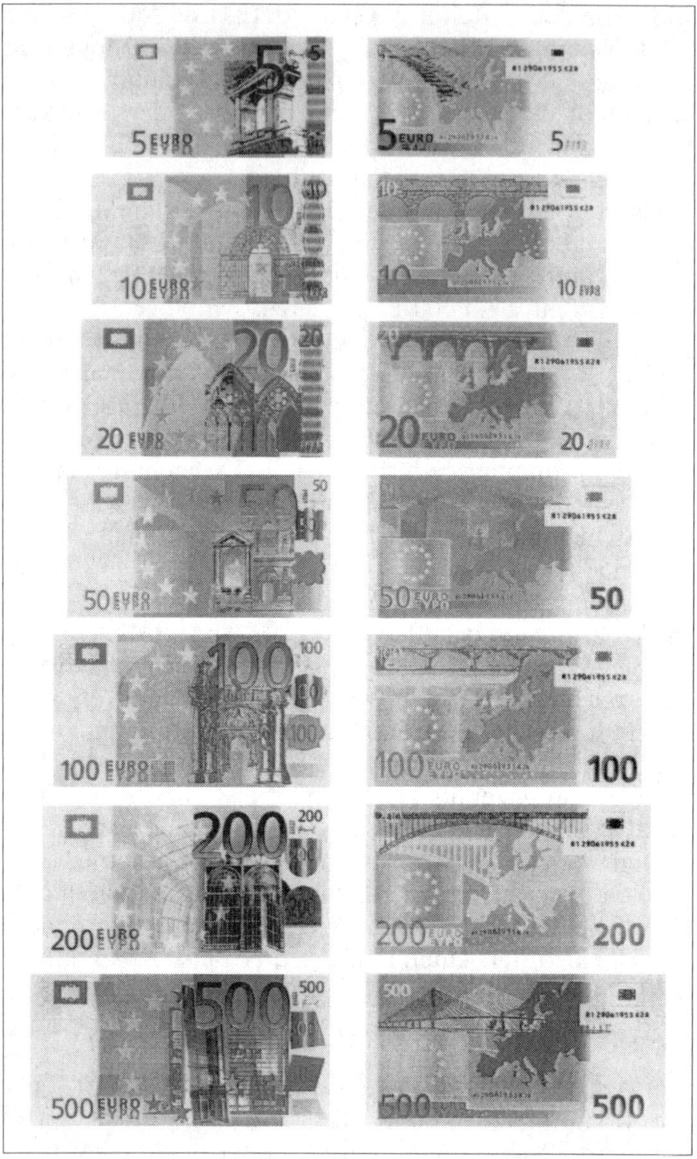

Abb. 2 Der Euro in Scheinen ...

1 EURO CENT
2 EURO CENT
5 EURO CENT
10 EURO CENT
20 EURO CENT
50 EURO CENT
1 EURO
2 EURO

... und Münzen

Es wird etwas dauern, bis alle Unternehmen den großen Firmen wie Siemens oder Daimler folgen und Löhne und Gehälter in Euro überweisen.
Ein vorläufiges Festhalten an der D-Mark ist auch sinnvoll, da sich die Verwendung des Euro im privaten Umfeld erst allmählich durchsetzen dürfte und viele Zahlungen wie Mieten, Versicherungen, Mitgliedsbeiträge u. a., die im alltäglichen Leben anfallen, noch in D-Mark abgewickelt werden.
Einen Zwang zur Verwendung des Euro wird es bis zum Jahr 2002 nicht geben. Der Umfang der in Euro abzuwickelnden unbaren Zahlungen wird daher maßgeblich davon abhängen, inwieweit die Vertragsparteien den Euro als Zahlungseinheit akzeptieren bzw. bereits getroffene Regelungen an die neue Währung anpassen.
Nachteile werden dem Kontoinhaber nicht entstehen, wenn er vorläufig bei der D-Mark bleibt. Andererseits sollte er sich entschließen, möglichst bald mit dem Euro vertraut zu werden. Es wird sicherlich eine Weile dauern, bis die Euro-Bürger nicht nur mit dem Euro handeln, sondern auch »in Euro denken«.
Unwillkürlich werden viele Menschen zu Beginn immer in D-Mark umrechnen, sei es bei Einkäufen oder Vertragsverhandlungen.
Es wird auch ohne eigenes Euro-Konto möglich sein, bei der Bank Euro-Zahlungsaufträge einzureichen. Sie werden von der Bank in Euro ausgeführt und nach dem feststehenden Umrechnungskurs in der Währung des Kontos, das heißt in D-Mark belastet.
Umgekehrt wird ein Unternehmen, das seine Buchführung rechtzeitig auf Euro umgestellt hat und über ein entsprechendes Euro-Konto verfügt, auch auf D-Mark lautende Zahlungsvorgänge über sein Euro-Konto abwickeln können. Unabhängig von der Währungsbezeichnung des Überweisungsauftrages wird die Bank den ausgeführten Auftrag stets in der Währungseinheit belasten, in der das Konto geführt wird. Beispiel: Ein Kunde stellt

einen EC-Scheck auf Euro aus. Hat er ein D-Mark-Konto, wird ihm der vom Zahlungsempfänger eingereichte Scheck in D-Mark belastet. Werden auf Euro lautende Lastschriften von einem D-Mark Konto eingezogen, so erfolgt die Abrechnung ebenfalls in D-Mark. Nimmt die Bank für ihren Kunden eine Euro-Zahlung in Empfang, so wird sie auch diese in D-Mark umrechnen und gutschreiben, sofern das Konto auf D-Mark lautet.

Checklist: Darauf sollten Sie seit dem 1. Januar 1999 achten

1. Machen Sie sich mit dem Umrechnungskurs des Euro vertraut!
2. Achten Sie auf die doppelte Preisauszeichnung in den Geschäften!
3. Überlegen Sie, ob Sie Ihr Konto jetzt schon auf den Euro umstellen!
4. Achten Sie bei allen Zahlungsträgern (Überweisungen, Schecks) darauf, daß Sie entweder D-Mark oder EUR ankreuzen und den entsprechenden Betrag einsetzen!
5. Daueraufträge und Lastschriften können weiterhin auf D-Mark lauten!
6. Je früher Sie sich mit dem Euro vertraut machen, um so schneller werden Sie sich an die neue Währung gewöhnen!

2. Welche Rolle spielen die Konvergenzkriterien nach 1999?

Um das Vertrauen von Bürgern und Märkten zu gewinnen, wurde als Kriterium für den Start der EWU ein hohes Maß an wirtschaftlicher Stabilität und Homogenität der teilnehmenden Länder gefordert. Dazu gehörten die fünf sogenannten »Konvergenzkriterien«, die alle Länder hätten erfüllen müssen.

Daß es dann letztendlich nur drei Länder waren, die tatsächlich alle Kriterien beim Start erfüllt hatten, rief neben dem Gerangel um Wim Duisenbergs Posten und

Amtsdauer in der Öffentlichkeit einige Verunsicherung hervor. Die Aufweichung insbesondere des Schuldenkriteriums dürfte auch in Zukunft von Bedeutung sein, wenn weitere Länder gerade bei der geplanten Osterweiterung auf eine ähnlich weiche Handhabung pochen werden.

Laut Maastrichter Vertrag hatte der EU-Rat in der Zusammensetzung der Staats- und Regierungschefs vor dem 1. Juli 1998 mit qualifizierter Mehrheit zu entscheiden, welche Mitgliedstaaten die Konvergenzkriterien als notwendige Voraussetzung für die Einführung einer einheitlichen Währung erfüllen. Entschieden wurde, daß die Währungsunion am 1. Januar 1999 starten soll, und zwar zunächst mit einer Gruppe von elf EU-Ländern: Belgien, Deutschland, Finnland, Frankreich, Irland, Italien, Luxemburg, die Niederlande, Österreich, Portugal und Spanien.

Auf der Warteliste stehen neben Großbritannien noch Dänemark, Schweden und Griechenland. Grundlage für die Entscheidung waren die Konvergenzberichte der Europäischen Kommission und des Europäischen Währungsinstitutes (EWI), die darauf basierende Empfehlung des Rates der Wirtschafts- und Finanzminister (ECOFIN-Rat) sowie das obligatorische Votum des Europäischen Parlaments am 2. Mai 1998.

Die Konvergenzkriterien:

1. *Inflationsrate*

Die durchschnittliche Rate darf höchstens 1,5 Prozentpunkte über dem Durchschnitt der drei preisstabilsten Länder liegen. 1997 betrug der Referenzwert 2,7 Prozent.

2. *Budgetdefizit*

Das Gesamtdefizit aller öffentlichen Haushalte darf nicht mehr als drei Prozent des Bruttoinlandsproduktes betragen, es sei denn – so steht es im Maastrichter Vertrag –, die Quote ist erheblich und laufend zurückgegangen und liegt in der Nähe des Referenzwertes.

3. *Staatsverschuldung*
Die Schulden der öffentlichen Hand dürfen 60 Prozent des Bruttoinlandsproduktes nicht überschreiten, es sei denn, die Quote ist hinreichend rückläufig und nähert sich dem Referenzwert - auch hier läßt der Maastrichter Vertrag einen gewissen Spielraum, der beim Start entsprechend genutzt wurde.

4. *Zinsniveau*
Die durchschnittliche Rendite langfristiger Staatsanleihen darf nicht mehr als zwei Prozentpunkte über der Durchschnittsrendite der drei Länder mit dem stabilsten Preisniveau liegen. Im Jahr 1997 bildeten 7,9 Prozent die Obergrenze.

5. *Wechselkurs*
Die Währung eines Landes muß mindestens zwei Jahre spannungsfrei am Europäischen Währungssystem teilgenommen haben.

Die Bundesbank weist in einer Stellungnahme auf die besondere Bedeutung der Konvergenzkriterien hin. Dort heißt es: Die Kriterien sind in zweifacher Hinsicht von herausragender Bedeutung:

- Als Vertragsbestandteil waren sie der Gegenstand des Ratifizierungsverfahrens. Damit ist für viele die Glaubwürdigkeit und Akzeptanz der Währungsunion mit der Einhaltung der Kriterien verknüpft.
- Ökonomisch zielen die Kriterien auf den Nachweis, daß die Mitgliedstaaten auf die spezifischen Gegebenheiten der Währungsunion tatsächlich vorbereitet sind und damit keine Belastung für eine dauerhafte Stabilitätsgemeinschaft darstellen.

Die vier erstgenannten Kriterien haben eine eigenständige Bedeutung und müssen – jedes für sich und im Zusammenhang – im Hinblick auf die Zielsetzung, die geforderte dauerhafte stabilitätspolitische Konvergenz, beurteilt werden. Ein zentraler Punkt bei dieser Urteilsfindung ist die Nachhaltigkeit der Konvergenz.
Wenn den Anforderungen lediglich beim Eintritt in die Endstufe der Währungsunion Genüge getan wird oder gar Anpassungsmaßnahmen mit Umkehreffekten in zukünftigen Perioden durchgeführt werden, reicht dies nicht aus. Deshalb ist es wichtig, so die Meinung der Bundesbank, die Aufmerksamkeit nicht nur auf die Gegenwart zu lenken, sondern die Entwicklung in der Vergangenheit ebenfalls zu analysieren und auf dieser Basis sowie auf der Grundlage bisheriger Entscheidungen realisierbare Perspektiven für die Zukunft aufzuzeigen.
Konvergenz ist nicht allein mit der Erfüllung bestimmter Kriterien zu einem Zeitpunkt gleichzusetzen, sondern als Prozeß zu verstehen, der gerade auch in der Zeit nach Beginn der Währungsunion von Bedeutung ist.
Die einzelnen Kriterien wurden vom Europäischen Währungsinstitut (EWI) eingehend geprüft und mit etlichen warnenden Hinweisen zum Schuldenkriterium versehen, die gerade für die zukünftigen Teilnehmer von wesentlicher Bedeutung sein werden.

Europaweit niedrige Inflationsrate

Beim Preiskriterium konnte weitgehend Konvergenz auf erfreulich niedrigem Niveau festgestellt werden. Mit Ausnahme von Griechenland bleiben alle Mitgliedstaaten unter dem Referenzwert von 2,5 Prozent für den durchschnittlichen Vorjahresanstieg des Harmonisierten Verbraucherpreisindex. Auch für die unmittelbare Zukunft werden in diesen Mitgliedstaaten keine besonderen Inflationsgefahren gesehen, die die Einhaltung dieses Kriteriums in Frage stellen.

Einschränkend wird jedoch festgehalten, daß Preisstabilität in einigen Mitgliedstaaten noch keine lange Tradition besitzt. Eine allgemeine Stabilitätskultur kann danach noch nicht überall als gesichert gelten, jedoch sind auf dem Wege dahin Fortschritte zu verzeichnen.
Sorge bereiten in diesem Zusammenhang die unionsweit sehr hohen und anhaltenden Arbeitslosenraten. So ist vor allem in den großen Volkswirtschaften, die Bundesrepublik inbegriffen, mehr als jede zehnte Erwerbsperson als arbeitslos gemeldet. Es wäre sicherlich beruhigender, wäre der statistisch gemessene Grad an Preisstabilität bei einem hohen Beschäftigungsstandard erreicht worden.
Außerdem könnte sich in einigen Mitgliedstaaten, die in der konjunkturellen Entwicklung schon weiter fortgeschritten sind, der Preisdruck verstärken. Insbesondere die Tarifparteien, aber auch die öffentlichen Haushalte sind hier gefordert, regionale Preissteigerungstendenzen sofort entgegenzuwirken. In den letzten Jahren ist es speziell in Griechenland und Italien, teilweise aber auch in Portugal und Großbritannien zu einem kräftigen Anstieg der gesamtwirtschaftlichen Arbeitskosten gekommen.

Sehr niedriges Zinsniveau

Auch bei den langfristigen Zinsen erfüllen alle EU-Länder mit Ausnahme Griechenlands das Konvergenzkriterium. Die Rendite ihrer zehnjährigen Staatsanleihen war im Durchschnitt des Zeitraumes von Februar 1997 bis Januar 1998 niedriger als der Referenzwert von 7,8 Prozent. Der Rückgang der langfristigen Zinsen und die Verengung der Zinsdifferenzen innerhalb Europas spiegeln sicherlich eine Verbesserung bei Fundamentalfaktoren wie Beruhigung des Preisauftriebs und gesunkene Staatsdefizite wider. Andererseits wurde die Zinsentwicklung in Europa auch vom internationalen Zinstrend und von den Erwartungen der Marktakteure hinsichtlich der Beteiligung einzelner Mitgliedstaaten an der Währungsunion beeinflußt. Vor allem in Italien, Portugal und Spanien, wo es erst in den letzten Jahren zu einer stärkeren Zinskonvergenz kam, dürften die verbesserten Aussichten auf Teilnahme eine Rolle gespielt haben.

Zunehmende Konvergenz bei der Wechselkursentwicklung

Nach dem Bericht des EWI wurde auch in der Wechselkursentwicklung zunehmende Konvergenz erreicht. Zehn Mitgliedstaaten haben zwei Jahre oder länger am Wechselkursmechanismus des EWS teilgenommen. Die italienische Lira und die Finnmark haben dagegen die Forderung der zweijährigen Mitgliedschaft nicht voll erfüllt. Griechenland, Großbritannien und Schweden haben während des Prüfungszeitraums nicht teilgenommen.
Im allgemeinen bewegten sich die Währungen der am Wechselkursmechanismus beteiligten Länder relativ nah am jeweiligen Leitkurs, nur gelegentlich wurde die alte Bandbreite von ± 2 1/4 Prozent, die bei Abschluß des Maastrichter Vertrages als normale Bandbreite galt, über- oder unterschritten. In einem besonders engen Verhältnis zueinander standen der belgische/luxemburgische Franc, die D-Mark, der holländische Gulden und der österreichische Schilling; untereinander haben sie die enge Bandbreite über den gesamten Zweijahreszeitraum hinweg eingehalten. Die italienische Lira und die Finnmark waren in der Zeit vor dem Beitritt zum Wechselkursmechanismus durch stärkere Abweichungen nach unten gekennzeichnet, sie bewegten sich jedoch nach dem Beitritt überwiegend in der Nähe der Leitkurse. Größere Abweichungen und Spannungen gab es im Falle des irischen Pfunds, das über einen längeren Zeitraum gegenüber allen am Wechselkursmechanismus teilnehmenden Währungen eine erhebliche Aufwertung erfuhr. Mit Wirkung vom 16. März 1998 wurden die Leitkurse

des irischen Pfunds um drei Prozent angehoben, nachdem sich zuvor die Marktkurse den alten Leitkursen wieder angenähert hatten. Eine solche Leitkursanpassung nach oben steht nicht im Widerspruch zu den Anforderungen des Vertrages.

Problematische Finanzlage und Schuldensituation

Recht unterschiedlich zeigte sich die auf Dauer tragbare Finanzlage der öffentlichen Hand bei den Mitgliedsländern. Nur drei Mitgliedsstaaten, Dänemark, Irland und Luxemburg, haben 1997 in ihren öffentlichen Haushalten Überschüsse erzielt. Elf Mitgliedstaaten verzeichneten Defizite, die den Referenzwert für die Defizitquote von drei Prozent des Bruttoinlandsproduktes eingehalten bzw. unterschritten haben.

Allerdings war der Abstand zum Grenzwert zumeist recht knapp und wurde in den meisten Fällen erst 1997 erreicht.

Nach Angaben im EWI-Bericht wurde die Defizitquote vieler Mitgliedstaaten 1997 durch Maßnahmen mit zeitlich begrenzter Wirkung beeinflußt. In Italien war deren Ausmaß mit einem Prozent des BIP und in Frankreich mit 0,6 Prozent des BIP ausschlaggebend dafür, daß 1997 der Referenzwert von drei Prozent des BIP eingehalten werden konnte.

Manche Länder mußten sich »kreative Buchführung« vorwerfen lassen, um die gewünschten Kriterien zu erreichen. Wie sich diese Maßnahmen in Zukunft auswirken, insbesondere wenn es um die Nachhaltigkeit der gewünschten Zahlen geht, dürfte noch Stoff für einige Diskussionen bieten.

Darüber hinaus wurde die Rückführung der Defizitquoten 1997 von den sinkenden lang- und kurzfristigen Zinsen begünstigt. Dies führte vor allem für solche Mitgliedstaaten wie z. B. Italien, Portugal und Spanien zu erheblichen Entlastungen, die hohe Schuldenquoten hatten und

deren Zinsniveau sich durch die von den Märkten erwartete künftige Teilnahme an der Wirtschafts- und Währungsunion besonders stark senkte.
Wie sich die Defizitquoten bei längerfristig wieder anziehenden Zinsen entwickeln, dürfte ein weiteres Problem darstellen, das etliche Kompromisse innerhalb der Länder fordert.
Im Zusammenhang mit den Konsolidierungsanstrengungen wurden – mit Ausnahme Griechenlands, Irlands, der Niederlande und Portugals – in den meisten Mitgliedstaaten die Investitionsquoten zurückgeführt. Während 1997 die staatlichen Bruttoanlageinvestitionen in neun Mitgliedstaaten höher ausfielen als die staatlichen Defizite, waren in den übrigen sechs Mitgliedstaaten die Defizite höher als die Investitionen, so in Belgien, Deutschland, Frankreich, Griechenland, Italien und dem Vereinigten Königreich. Die Deutsche Bundesbank weist darauf hin, daß auch hierdurch die Frage der Nachhaltigkeit berührt wird.

Kompromisse bei der Schuldenquote erforderlich

Nicht ganz einfach dürfte in Zukunft die Betrachtungsweise und die Behandlung der Schuldenquote sein. Hat man bereits zu Beginn mit zweierlei Maß gemessen, dürfte auch bei den anstehenden Erweiterungen gerade bei dieser Frage einiger Verhandlungsbedarf entstehen.
Die Schuldenquote hat 1997 nur in vier Mitgliedstaaten (Finnland, Frankreich, Luxemburg und dem Vereinigten Königreich) unterhalb des Referenzwertes gelegen. Von den elf Mitgliedstaaten, in denen der Referenzwert nicht eingehalten wurde, lag die Schuldenquote in Deutschland und Portugal geringfügig oberhalb der 60-Prozent-Marke. Probleme der Staatsschuld ergeben sich auch bei Mitgliedstaaten, die in der Schuldenquote unter oder nahe bei dem Referenzwert von 60 Prozent bleiben. So wiesen Deutschland und Frankreich eine starke Dynamik

im Wachstum der öffentlichen Verschuldung auf. Die Schuldenquote Deutschlands ist bis 1997 kontinuierlich – wenn auch zuletzt nur noch geringfügig – auf 61,3 Prozent des BIP gestiegen. Der Schuldenstand wurde dabei durch die deutsche Vereinigung erheblich erhöht. In Griechenland, Belgien und Italien wurde die 60 Prozent-Grenze besonders stark überschritten, in Belgien war sie mit 122,2 Prozent und in Italien mit 121,6 Prozent mehr als doppelt so hoch.
Hier wurde der Interpretationsspielraum des Maastrichter Vertrages ausgeschöpft, denn Überschreitungen sind nur unter der Bedingung zugelassen, daß die Schuldenquote »hinreichend rückläufig ist und sich rasch genug dem Referenzwert nähert«.
Wie groß hier der Anpassungsbedarf noch ist, wird zum einen aus der in vielen Mitgliedstaaten immer noch zu hohen und teilweise erst 1997 gesunkenen Staatsverschuldung deutlich.
In einer zukunftsgerichteten Betrachtung ist von besonderer Bedeutung, ob ein Land eine fiskalische Position erreicht hat, die für die kommenden Jahre einen raschen Abbau der Schuldenquote erwarten läßt. Hier besteht zwischen Staatsdefizit und Staatsverschuldung eine enge Verbindung, auf die auch das EWI in seinem Konvergenzbericht hingewiesen hat.
Je höher die Staatsverschuldung ist, desto niedriger muß das Haushaltsdefizit sein bzw. desto größere Überschüsse müssen erwirtschaftet werden, wenn die Verschuldung in einer bestimmten Zeit auf den Referenzwert zurückgeführt werden soll.
Von den elf Mitgliedstaaten mit Schuldenquoten über 60 Prozent wiesen 1997 nur vier (Dänemark, Irland, die Niederlande und Schweden) einen öffentlichen Finanzierungssaldo auf, der, wenn er beispielsweise über zehn Jahre beibehalten würde, günstig genug wäre, um die Verschuldung unter den Referenzwert zurückzuführen. In den anderen sieben Mitgliedstaaten waren dagegen

die Defizite noch zu hoch, um den Referenzwert in dieser Frist zu erreichen, wobei die Differenz zwischen dem tatsächlichen Defizit im Jahr 1997 und dem für die Zielerreichung in absehbarer Zeit erforderlichen Finanzierungssaldo (Budgetlücke) in Deutschland, Österreich und Portugal unter 0,5 Prozent des BIP lag und auch in Spanien mit 0,7 Prozent des BIP nicht wesentlich höher war. In Belgien, Griechenland und Italien lag der Betrag der Budgetlücke dagegen bei teilweise deutlich mehr als vier Prozent des BIP. In diesen Mitgliedstaaten müßten, damit der Referenzwert innerhalb von zehn Jahren erreicht wird, Jahr für Jahr über einen längeren Zeitraum beträchtliche staatliche Überschüsse erzielt werden.
Nach den bisher vorliegenden Konvergenzprogrammen werden in diesen Mitgliedstaaten bis zum Jahr 2000 jedoch weiterhin merkliche Defizite erwartet. Diese Beispielrechnung macht deutlich, daß mehrere Mitgliedstaaten bislang nur einen unzureichenden Abbau der Schuldenquote erreicht haben und daß in den Haushalten noch beträchtliche Anstrengungen unternommen werden müssen.
Die Deutsche Bundesbank weist darauf hin, daß das Schuldenstandskriterium und seine Ausstrahlung auf die Haushaltspolitik in der Konvergenzdiskussion häufig zu Unrecht vernachlässigt wurden. Der Maastrichter Vertrag verlangt ausdrücklich bei Überschreitung des Referenzwertes, daß die Staatsschuldenquote wie erwähnt hinreichend rückläufig ist und sich rasch genug dem Referenzwert nähert. Diese Aussage läßt jedoch viel interpretatorischen Spielraum, der auch entsprechend genutzt wurde. Es gibt zwar keinen konkreten Zeithorizont, dies darf aber nicht bedeuten, daß die Anpassung auf die lange Bank geschoben wird.
Allem Anschein nach dürfte dies jedoch der Fall sein, nach dem Motto »wenn wir erst einmal dabei sind, wird man sich schon irgendwie verständigen«. Der hier hauptsächlich zugrundegelegte Anpassungszeitraum von zehn

Jahren stellt weder eine neue Anforderung dar noch ist er als Prognosehorizont mißzuverstehen.
Die beispielhaft errechneten Budgetlücken illustrieren plastisch, welche Korrekturen noch in einigen Mitgliedsländern erforderlich sind, um innerhalb eines Zehnjahreszeitraums den im Vertrag festgelegten Referenzwert zu erreichen. Bei Betrachtung der in der Vergangenheit im Hinblick auf die Verschuldung einzelner Länder und die vorhandene Haushaltsdisziplin gemachten Erfahrungen darf hier mit Fug und Recht angezweifelt werden, ob der Referenzwert überhaupt erreichbar ist.

Verbesserung der Finanzlage fraglich

Für die kommenden Jahre haben die Mitgliedstaaten eine weitere Verbesserung ihrer Finanzlage ins Auge gefaßt. Dabei sind die Ziele allerdings unterschiedlich hoch gesteckt. Vor allem Mitgliedstaaten mit sehr hoher Verschuldung rechnen damit, daß eine rückläufige Zinslastquote zu der Haushaltsverbesserung beiträgt. Auch wird die defizitmindernde Wirkung eines sich stabilisierenden Wirtschaftswachstums eingeplant. Wie lange sich diese beiden Wunschvorstellungen miteinander vereinbaren lassen, darf in Frage gestellt werden. Gingen doch in der Vergangenheit eine wachsende Konjunktur und wieder anziehende Zinsen Hand in Hand. Insgesamt gesehen zeichnet sich jedoch ab, daß die Mehrzahl der Mitgliedstaaten mittelfristig noch nicht das Ziel des Stabilitäts- und Wachstumspaktes erreichen wird, so das Urteil der Deutschen Bundesbank.
Hinzu kommen weitere Risiken, die das Erreichen des Zieles unwahrscheinlich werden lassen. So zeichnen sich etwa in Frankreich, Griechenland und Spanien durch die Sanierung von unrentablen öffentlichen Unternehmen entstandene Belastungen ab. Bei der Beurteilung der Haushaltssituation in Griechenland, Irland, Portugal und Spanien ist zu berücksichtigen, daß diese Länder gegen-

wärtig erhebliche Nettozahlungen aus dem EU-Haushalt empfangen.

Vor allem aber sind für praktisch alle Mitgliedstaaten längerfristig starke Belastungen für die öffentlichen Haushalte aufgrund der demographischen Entwicklung zu erwarten, die sich insbesondere auf die Alterssicherungssysteme auswirken werden. Hier stehen die Mitgliedstaaten vor der Aufgabe, durch grundlegende Reformen der sozialen Sicherungssysteme eine Milderung der Probleme zu erreichen.

In einer zusammenfassenden Beurteilung kommt die Deutsche Bundesbank zu folgendem Fazit: Eine dauerhaft stabilitätsorientierte Währungsunion verspricht längerfristig große wirtschaftliche Vorteile. Sie beseitigt das Wechselkursrisiko zwischen den Teilnehmerstaaten, verringert die Transaktionskosten, erhöht die Effizienz der Arbeits-, Güter- und Finanzmärkte und bietet damit gute Chancen für eine Wohlfahrtssteigerung in Europa.

Auf dem Weg, die Voraussetzungen dafür zu erfüllen, sind die einzelnen Staaten ein gutes Stück vorangekommen. In den letzten Jahren wurden erhebliche Konvergenzfortschritte erzielt. In vielen Mitgliedstaaten herrscht annähernd Preisstabilität, und die Inflationsdifferenzen wurden weitgehend eingeebnet. Das Zinskriterium wurde ebenfalls fast überall erfüllt. Zwar nahmen nicht alle Mitgliedstaaten zwei Jahre lang – wie vom Vertrag gefordert – am Wechselkursmechanismus teil. Die Wechselkursentwicklung ist in dieser Zeit aber zunehmend stabiler geworden.

Obwohl die Haushaltsdefizite deutlich abnahmen und 1997 durchweg bei oder unterhalb der Referenzgröße von drei Prozent des BIP lagen, bestehen nach wie vor in einigen Mitgliedsländern erhebliche Konvergenzmängel auf dem Gebiet der öffentlichen Finanzen. Der starke Rückgang der Haushaltsdefizite im Jahr 1997 ist teilweise auch auf Einmalmaßnahmen zurückzuführen. Für die absehbaren Zukunftsbelastungen wurde außerdem noch

nicht überall hinreichend Vorsorge getroffen. Die meisten Mitgliedstaaten sind bislang nicht ausreichend auf die künftigen Verpflichtungen aus dem Stabilitäts- und Wachstumspakt eingestellt, wonach sie ab 1999 bei konjunktureller Normallage einen nahezu ausgeglichenen Haushaltssaldo oder Überschüsse auszuweisen haben.
Die hohe Staatsverschuldung stellt in einer Reihe von Mitgliedstaaten eine große Belastung dar; das gilt insbesondere für Belgien und Italien, deren Schuldenstandsquote doppelt so hoch liegt wie der im Vertrag vorgesehene Referenzwert von 60 Prozent. Die Schuldenstandsquote Griechenlands ist mit 108,7 Prozent kaum günstiger. Ein übermäßiger Schuldenstand beeinträchtigt den künftigen Handlungsspielraum der Finanzpolitik und gerät – vor allem bei einem hohen Anteil von kurzfristigen beziehungsweise variabel verzinslichen Krediten an der Finanzierung – leicht in Konflikt mit der Geldpolitik. Insofern stellt er eine Hypothek und ein Risiko für die künftige Stabilitätspolitik dar.
Die Währungsunion bringt einschneidende Veränderungen des gesamtwirtschaftlichen Umfeldes für die Wirtschaftspolitik und die Unternehmen mit sich. Ihre Auswirkungen sind nicht auf den Geld- und Währungsbereich beschränkt. Auch die Güter- und Faktormärkte sind von ihr erheblich betroffen – ebenso wie umgekehrt eine möglichst spannungsfreie realwirtschaftliche Entwicklung entscheidend für den Erfolg der Währungsunion ist. Die längerfristig durch die Währungsunion erwarteten Wohlfahrtsgewinne werden sich nur erzielen lassen, wenn sich insbesondere Lohn- und Sozialpolitik rasch und umfassend auf die neuen Gegebenheiten einstellen. Gerade vor dem Hintergrund der hohen Arbeitslosigkeit in den meisten Teilnehmerländern ist eine hinreichend flexible Reaktion der Güter- und Arbeitsmärkte auf unterschiedliche Produktivitätsentwicklungen und gravierende Marktveränderungen unverzichtbar.
In der Währungsunion können sich unverschuldete und

selbstverschuldete regionale Unterschiede ausprägen. Der Maastrichter Vertrag sieht vor, daß diese von den Mitgliedstaaten durch eigene Anstrengungen zu bewältigen sind. Zwar schließt er in Art. 104 b eine Schuldenübernahme zwischen Mitgliedstaaten aus, doch sollte klargestellt werden, daß auch zusätzliche Transferleistungen bei dem derzeit angestrebten Grad der Integration keine Lösung für regionale oder nationale Probleme sein dürfen.

Die dauerhaften Erfolgschancen der Währungsunion werden nicht allein von den im Vertrag genannten Konvergenzbedingungen bestimmt, sondern vor allem auch von einer befriedigenden realwirtschaftlichen Entwicklung in allen Teilen der Union. Damit verlieren jedoch die im Vordergrund der Konvergenzprüfung stehenden Kriterien nicht an Bedeutung. Ganz im Gegenteil, je weniger die Kriterien erfüllt sind und als dauerhaft gewahrt gelten können, desto größer sind auch die Risiken für Wirtschaftswachstum und Beschäftigung in der Währungsunion, und desto weniger werden die an die Währungsunion gestellten Erwartungen erfüllbar sein.

Die Währungsunion ist ein historisch einzigartiges Projekt. Sie darf auch im weiteren Verlauf nicht scheitern. Die ökonomischen Grundlagen müssen sowohl beim Eintritt in die Währungsunion stimmen als auch auf die Dauer tragfähig sein. Für die Glaubwürdigkeit kommt es maßgeblich darauf an, daß alle Verantwortlichen bei ihren Entscheidungen im Einklang mit den vielfach erklärten Prinzipien handeln. Nur so wird sich in Europa die erforderliche Stabilitätskultur entwickeln können.

Zum Erfolg der Währungsunion gehören eine mit dem Stabilitätsziel in Einklang stehende Wirtschaftspolitik sowie eine zügige Anpassung des staatlichen und privaten Sektors an die neuen Rahmenbedingungen. Trotz der Fortschritte, die auf diesen Feldern mittlerweile erzielt wurden, sind bei den teilnehmenden Mitgliedstaaten noch erhebliche Anstrengungen erforderlich, um im

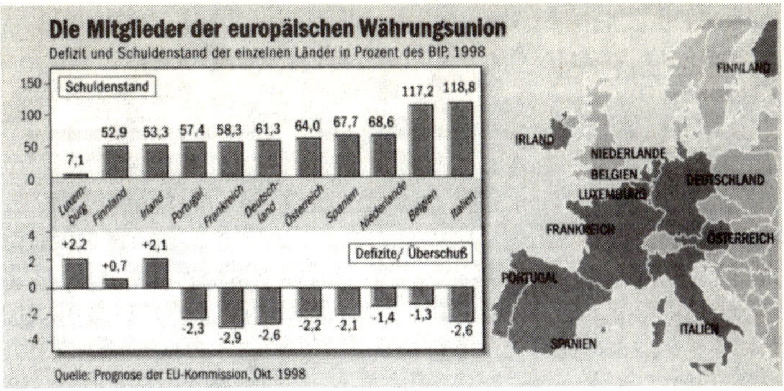

Abb. 3

gesamten Währungsraum verläßliche Voraussetzungen für eine dauerhafte Stabilitätsgemeinschaft zu schaffen.
Der Eintritt in die Währungsunion hat beträchtliche ökonomische Konsequenzen, die bei der Entscheidung sorgfältig bedacht werden müssen. Die Auswahl der Teilnehmer bleibt letztlich jedoch eine politische Entscheidung.

3. Wie wichtig ist die Nachhaltigkeit eines stabilen Schuldenstandes?

Die kommenden Jahre werden zeigen, wie ernst es den an der Währungsunion beteiligten Ländern ist, ihren Schuldenstand zu stabilisieren bzw. zurückzufahren. Die Frage der »Nachhaltigkeit« wird daher häufiger im Mittelpunkt anstehender Diskussionen stehen.
Bereits wenige Wochen nach dem Start hat die Europäische Zentralbank (EZB) die Haushaltsdisziplin im Euro-Land bemängelt. Zwar habe Finanzminister Waigel mit dem Stabilitäts- und Wachstumspakt einen wichtigen Pfeiler der Währungsunion errichtet. Doch das EZB-Direktoriumsmitglied Otmar Issing kritisierte, daß unmit-

telbar nach der Entscheidung über die Teilnehmerländer schon die ersten Aufweichungserscheinungen auszumachen seien.
Seine Kritik zielte auf die Tatsache, daß die EU-Finanzminister noch beim historischen Euro-Gipfel am 1. Mai 1998 in Brüssel erklärt hätten, daß die Mitgliedsländer bei positivem Konjunkturverlauf ihre Sparbemühungen verstärken würden. Dennoch zeichne sich ab, daß sich trotz günstigerer Wirtschaftsentwicklung das tatsächliche Defizit kaum verringern werde. Neben der bedrückenden Hypothek von 15 Millionen Arbeitslosen in den elf Teilnehmerländern birgt die Finanzpolitik nach Ansicht Issings das größte Risikopotential für den Erfolg des Euro-Projekts. Nach seiner Ansicht sollte die EZB in der Geldpolitik neben einem Geldmengenziel auch ein Inflationsziel stecken. Es empfehle sich, die Geldmengensteuerung um eine umfassende Analyse der künftigen Preisentwicklung zu ergänzen.
Nachhaltigkeit zielt darauf ab, die Finanzlage des Staates auf Dauer tragbar zu gestalten. Um dies zu erreichen, muß die Schuldenstandsquote zumindest auf einem als akzeptabel angesehenen Niveau stabilisiert werden. Das Kriterium der Tragbarkeit berücksichtigt insbesondere die Auswirkungen, die sich aus früherem Verschuldungsverhalten für die zukünftige Finanzpolitik ergeben.
Hohe, in der Vergangenheit akkumulierte Schuldenstände ziehen hohe Zinslasten in den öffentlichen Haushalten nach sich. Das trifft besonders die hoch verschuldeten Länder wie Belgien und Italien. Gerade hochverschuldete Länder können bei wieder anziehenden Zinsen in eine Schuldenfalle geraten, aus der sie nur schwer entkommen. Durch hohe Zinslasten verursachte Defizite erhöhen den Schuldenstand weiter und führen damit zu noch größeren Zinslasten. Ob sich der Schuldenstand stabilisieren läßt, hängt im wesentlichen von drei Faktoren ab:

1. dem Zinsniveau,
2. der Wachstumsrate des Bruttoinlandsproduktes (BIP),
3. dem Primärsaldo.

Der Primärsaldo eines öffentlichen Haushaltes ergibt sich aus den staatlichen Einnahmen ohne Kredite abzüglich der Staatsausgaben ohne Zinsausgaben. Um die Schuldenquote zu stabilisieren, muß ein Haushalt einen Primärüberschuß aufweisen, wenn der Nominalzins auf die Staatsschuld über der nominalen Wachstumsrate des BIP liegt. Um zu überprüfen, ob die Konsolidierungsbemühungen der EU-Staaten nachhaltig sind, gilt es zu beurteilen, ob Primärüberschüsse vorliegen und ob diese ausreichen, um die Schuldenstandsquote zu stabilisieren oder auf ein akzeptables Niveau zurückzuführen.
Neben diesem eher mechanistischen Zusammenhang von Schuldenstand, Zinsausgaben und Defiziten gibt es eine Reihe anderer Faktoren, die für die Tragbarkeit der Finanzlage eine Rolle spielen:

Höhe der öffentlichen Investitionen
Öffentliche Investitionen, die sich positiv auf das gesamtwirtschaftliche Wachstum auswirken, erhöhen die Steuereinnahmen in der Zukunft. Werden solche Investitionen über Kredit finanziert, so muß dies in der mittleren Frist nicht den Schuldenstand erhöhen und den zukünftigen Handlungsspielraum einengen.

Privatisierungsmöglichkeiten
Wenn Länder über Privatisierungspotentiale oder sonstige Vermögenswerte verfügen, so können sie über deren Nutzung den Schuldenstand und damit die zukünftigen Zinsbelastungen senken.

Ursachen eines hohen Schuldenstands
Ein hoher Schuldenstand kann Folge eines einmaligen, außergewöhnlichen Ereignisses sein. So hat z. B. die

deutsche Einheit zu einem sprunghaften Anstieg der deutschen Schuldenstandsquote geführt. Dies ist anders zu beurteilen als ein hoher Schuldenstand, der sich kontinuierlich als Ergebnis jährlich wiederkehrender Budgetdefizite aufgebaut hat. Diese lassen auf strukturelle Probleme im Haushalt schließen.

Defizitbegünstigende Budgetstrukturen
Für die Tragbarkeit der Finanzlage ist von Bedeutung, ob die Haushalte Mechanismen enthalten, die ein zukünftiges Anwachsen der Defizite erwarten lassen. Dazu gehören auf der Ausgabenseite heute festgelegte Leistungsansprüche, die in der Zukunft zu Ausgabenverpflichtungen führen. Ein Beispiel hierfür sind die Beamtenpensionen in Deutschland. Die Systeme der staatlichen Altersversorgung sind vor dem Hintergrund der demographischen Entwicklung generell daraufhin zu überprüfen, inwieweit sie Treibsätze für zukünftige Staatsausgaben darstellen. Auf der Einnahmenseite geht ein Risiko von ineffizienten Steuersystemen aus, die durch Fehlanreize und Intransparenz die zukünftige Steuerbasis schmälern.

Flexibilität der Haushalte
Die Tragbarkeit der Finanzlage kann auch dadurch beeinträchtigt werden, daß große Teile des Haushalts durch gesetzliche und vertragliche Ausgabenverpflichtungen festgeschrieben sind, die kurz- und mittelfristig kaum zu beeinflussen sind. Dies gilt für Zins- und Personalausgaben, viele Sozialleistungen und Zahlungen an internationale Organisationen. Dadurch verringert sich die Flexibilität, mit der Haushalte auf unvorhergesehene Ereignisse reagieren können. Die Gefahr wächst, daß notwendige Ausgabenkürzungen zu Lasten von Ausgaben gehen, die für das mittelfristige Wachstum von Bedeutung sind, z. B. die Ausgaben für Infrastruktur und Bildung.

4. Kann der Stabilitätspakt langfristiges Schuldenmachen verhindern?

»Am besten wirkt der Stabilitätspakt dann, wenn er gar nicht erst eingesetzt werden muß«, meinte ein Kritiker bei der Betrachtung des von unserem früheren Finanzminister Waigel initiierten Stabilitätspaktes, der dafür sorgen soll, daß auch nach Beginn der Währungsunion haushaltspolitische Disziplin gewahrt wird.

Damit die Konvergenz auch in den Folgejahren nicht gefährdet wird, wurde vom Europäischen Rat 1997 den Maastrichter Vertrag flankierend ein Stabilitäts- und Wachstumspakt beschlossen. Damit soll die Haushaltsdisziplin der einzelnen Mitgliedstaaten überwacht werden, d. h. übermäßiges Schuldenmachen wird »bestraft«. Ob die Umsetzung dieses Sanktionsmechanismus aber so einfach ist, wie bei der Beschlußfassung angenommen wurde, wird sich spätestens dann zeigen, wenn eines der Teilnehmerländer tatsächlich über die Stränge schlägt und die alte Schuldenmacherei wieder einreißen läßt.

Ganz so einfach ist das Verfahren für diesen Sanktionsmechanismus nicht, der überdies auch einige Hintertürchen offenläßt, falls die Budgetdisziplin doch nicht so ganz ernst genommen wird. Im einzelnen sieht der Stabilitätspakt folgendes vor:

Mitgliedsländer der Währungsunion, deren Neuverschuldung das Konvergenzkriterium von drei Prozent des Bruttoinlandsprodukts überschreitet, sollen mit Sanktionen belegt werden. Diese Sanktionen treten jedoch bei Verstößen nicht automatisch in Kraft, sondern erst dann, wenn die Finanzminister der Teilnehmerstaaten sie in vier Abstimmungsrunden mit jeweils zwei Drittel Mehrheit beschließen.

Dieses aufwendige Verfahren allein zeigt bereits, daß es sehr schwer werden dürfte, die Bestrafung durchzusetzen, falls einmal mehrere Länder gleichzeitig bestraft werden müßten, bei der Abstimmung jedoch nicht die erforderliche Mehrheit erbracht wird.

1. Schritt: Überschreitet die jährliche Neuverschuldung eines Teilnehmerstaates die Drei-Prozent-Marke, wird automatisch ein Haushaltsüberwachungsverfahren durch die EU-Kommission in Gang gesetzt. Ist das Defizit Folge außergewöhnlicher Ereignisse, beispielsweise einer ernsten Rezession mit einem Rückgang des Wirtschaftswachstums um mindestens zwei Prozent, müssen keine Sanktionen beschlossen werden. Das gleiche gilt, wenn die übermäßige Neuverschuldung auf außergewöhnliche Ereignisse zurückzuführen ist, die sich der Kontrolle des Mitgliedsstaates entziehen. Dabei muß das Bruttoinlandsprodukt aber mindestens um 0,75 Prozent gesunken sein.

2. Schritt: Der Bericht der Kommission über Höhe, Ursachen und Angemessenheit der Neuverschuldung wird dem Europäischen Rat vorgelegt. Dieser entscheidet dann mit qualifizierter Mehrheit, ob ein übermäßiges, das heißt stabilitätsgefährdendes Defizit oder eine Ausnahmesituation vorliegt. An der Abstimmung darf das betroffene Land nicht teilnehmen, dafür aber alle anderen EU-Staaten, auch wenn sie nicht zu den Teilnehmerstaaten der Währungsunion gehören.

3. Schritt: Entscheidet der Rat, daß ein übermäßiges Defizit vorliegt, muß der betreffende Mitgliedstaat innerhalb von vier Monaten wirksame Gegenmaßnahmen ergreifen, um das Defizit im Jahr nach der Feststellung abzubauen. Dazu gibt es entsprechende Empfehlungen.

4. Schritt: Kommt das Schuldnerland diesen Aufforderungen nicht nach oder erweisen sich die ergriffenen Maßnahmen als ungeeignet, beschließt der Rat Sanktionen. Ein Jahr nach Feststellung des übermäßigen Defizits muß

der betreffende Staat eine unverzinsliche Einlage zahlen, deren Höhe von seinem Bruttoinlandsprodukt sowie von der Höhe der Neuverschuldung abhängt.
Gefordert wird ein Betrag in Höhe von 0,2 Prozent des BIP plus einem Zehntel jener Neuverschuldung, die den Maastricht-Wert von drei Prozent überschreitet. Allerdings braucht der Haushaltssünder nicht mehr als 0,5 Prozent des BIP jenes Jahres zu hinterlegen, in dem es zu dem übermäßigen Defizit gekommen ist.

5. *Schritt:* Bei wiederholten Übertritten wird die zinslose Einlage nach weiteren zwei Jahren in eine nicht rückzahlbare Geldbuße umgewandelt.

Wie problematisch die Umsetzung des Sanktionsmechanismus sein könnte, zeigt das folgende Beispiel: Rein rechnerisch hätte Deutschland für sein Defizit 1996 (3,4 Prozent des BIP) etwa 8,5 Mrd. D-Mark bei der EU-Kommission hinterlegen müssen. Der entgangene Zinsertrag hätte damit zwei Jahre lang das öffentliche Budget mit jeweils rund 500 Mill. D-Mark belastet, das sind etwa 0,4 Prozent des bereits bestehenden Defizits. Ohne Korrektur hätte man dann 1998/99 zusätzlich die gesamten 8,5 Mrd. D-Mark ausbuchen müssen, d. h. das ursprüngliche Defizit wäre – unter sonst gleichen Bedingungen – nochmals um sieben Prozent gestiegen.
Mag der Stabilitätspakt einerseits vor überhöhten Budgetdefiziten abschrecken, so enthält er andererseits einen Anreiz, besser zu sein als die anderen. Er sieht vor, die Bußgelder unter den Ländern zu verteilen, welche die Referenzwerte einhalten. Die Niederlande z. B. hätte rechnerisch – auf 1996 bezogen – Sanktionserlöse von 25 Mrd. D-Mark plus Zinsen und damit sogar einen beträchtlichen Budgetüberschuß erzielt. Auch Irland und Luxemburg hätten so ihr Haushaltsgeld kräftig aufbessern können.
Freilich stellt sich die Frage, was geschieht, wenn die

Dinge ihren Lauf nehmen und Geldbußen unausweichlich werden. Dann ist die Gefahr einer Abwärtsspirale von Defiziten, Sanktionen, noch höheren Defiziten und erneuten Sanktionen schwer abzuwehren. Ungünstige Kapitalmarktreaktionen könnten die Drehung einer solchen Spirale noch beschleunigen.

Eine Schwäche des Maastrichter Vertrages hat der Stabilitäts- und Wachstumspakt nicht beseitigen können, nämlich den politischen Spielraum beim Sanktionsbeschluß. Nach wie vor entscheidet der Rat gemäß Artikel 104 c mit qualifizierter Mehrheit, d. h. mit mindestens 62 Stimmen, ob ein übermäßiges Defizit besteht. Hier muß auf das Risiko eines politischen Tauschhandels hingewiesen werden.

Nach dem obigen Artikel trifft der Rat die Sanktionsentscheidungen mit einer Mehrheit von zwei Dritteln der nach Artikel 148 gewogenen Stimmen – mit Ausnahme der des betroffenen Mitgliedsstaates. Es ist fraglich, ob im Ernstfall Sanktionen gegen eine Mehrheit der EU-Staaten und eine Umverteilung von Haushaltsmitteln zugunsten einer Minderheit politisch tatsächlich durchsetzbar wären. Überdies bleibt unklar, was geschieht, wenn die Staatsfinanzen aller EWU-Länder aus dem Ruder laufen, ohne daß ein Ausnahmetatbestand vorliegt. In diesem Falle würden eventuell übermäßige Defizite festgestellt, jedoch keine Sanktionen verhängt, womit der disziplinierende Effekt des Stabilitätspaktes entfiele.

Artikel 104 c (übermäßige öffentliche Defizite):

»... kann der Rat beschließen, eine oder mehrere der nachstehenden Maßnahmen anzuwenden oder gegebenenfalls zu verschärfen, nämlich

- von dem betreffenden Mitgliedstaat verlangen, vor der Emission von Schuldverschreibungen und sonstigen Wertpapieren vom Rat näher zu bezeichnende zusätzliche Angaben zu veröffentlichen,

Abb. 4 (Quelle: EU-Kommission)

- die Europäische Investitionsbank ersuchen, ihre Darlehenspolitik gegenüber dem Mitgliedstaat zu überprüfen,
- von dem Mitgliedstaat verlangen, eine unverzinsliche Einlage in angemessener Höhe bei der Gemeinschaft zu hinterlegen, bis das übermäßige Defizit nach Ansicht des Rates korrigiert worden ist,
- Geldbußen in angemessener Höhe verhängen.«

5. Wird sich der Euro zu einer starken Währung entwickeln?

Die Weltwährungsordnung wird seit Jahrzehnten unumstritten von der Leitwährung Dollar dominiert. Die D-Mark hat im Laufe der Zeit die zweite Position errungen, jedoch mit weitem Abstand hinter dem Dollar. Die Frage, welche Stellung der Euro unter den Weltwährungen einnehmen könnte, ist von großer Bedeutung. Denn zu der Vorstellung, daß der Euro eine starke Währung sein wird, gehört nicht nur Preisstabilität im Innern. Auch die Stabilität nach außen, also gegenüber Drittwährungen, und darüber hinaus die Akzeptanz und Anerkennung in der Welt machen eine Währung zu einer starken Währung.

Die internationale Bedeutung einer Währung muß in mehreren Dimensionen beschrieben werden. Man unterscheidet bei einer Währung die Funktionen Zahlungsmittel, Recheneinheit und Wertaufbewahrungsmedium. Als internationales Zahlungsmittel und als Recheneinheit werden Währungen im Waren- und Devisenverkehr verwendet. In der Wertaufbewahrungsfunktion dienen internationale Währungen dem Privatanleger als Vermögensanlage und den Zentralbanken als Reservemedium.

Handelt es sich beim Euro um eine harte oder um eine weiche Währung? Kann sich der Euro zu einem gleichberechtigten Partner gegenüber dem Dollar entwickeln? Diesen Fragen ist die Dresdner Bank in einer Studie nachgegangen, die das Verhältnis gegenüber dem Dollar in den Mittelpunkt stellt. Anhand von zwei Fragen soll dieser Problembereich erörtert werden, der im Vorfeld der Währungsunion zu einigen Prognosen geführt hat, die von einer »kränkelnden Frühgeburt« oder einem »Weichei« sprachen. Doch gleich nach dem Start Anfang Mai 1998 gaben die Märkte eine eindeutige Antwort: Sie erwarteten einen starken Euro. Ob dies in der Zukunft so bleiben wird, bestimmt der zukünftige Außenwert des Euro gegenüber Dollar und Yen, aber auch die Entwicklung im Bereich Anlagewährung und Reservewährung.

Wechselkursprognosen sind ein gewagtes Unterfangen. Dies gilt um so mehr für eine Währung, die erst im Entstehen ist, am Anfang ihrer Karriere steht und immer wieder mit der festen D-Mark verglichen wird.

Niemand kann den Außenwert des Euro auf Punkt und Komma vorhersagen. Es läßt sich nur abschätzen, wie

sich die fundamentalen Faktoren, die den Wert einer Währung beeinflussen, im Euro-Raum voraussichtlich entwickeln. Grundlegende Bestimmungsgrößen sind der Realzins, das Wirtschaftswachstum und die außenwirtschaftliche Position. Unter diesen drei Faktoren spielt nach den Untersuchungen der Dresdner Bank der Realzins die größte Rolle.
Die Bedeutung der wirtschaftlichen Dynamik und der außenwirtschaftlichen Position sollte man zwar nicht unterschätzen; als Wechselkursdeterminanten sind sie allerdings keine unabhängigen Indikatoren. Bei hohem Wirtschaftswachstum muß ein Leistungsbilanzdefizit kein Hindernis für eine starke Währung sein: Der zeitweise sehr starke US-Dollar in den vergangenen Jahren ist ein Beispiel dafür. Bei abflachendem Wirtschaftswachstum gerät ein Leistungsbilanzdefizit jedoch häufig in den Blick der Märkte.
Welche Tendenz haben nun diese drei Einflußfaktoren im EWU-Raum? Was läßt sich relativ zur Entwicklung in den USA sagen?
Der durchschnittliche Langfristzins in den elf EWU-Ländern beträgt 1998 etwa rund fünf Prozent, die Inflationsrate liegt zwischen einem Prozent und zwei Prozent. Hieraus errechnet sich ein Realzins von etwa vier Prozent. Die Realzinsen in den USA und in Europa haben sich im Jahr 1998 nahezu angeglichen.
Möglicherweise werden der amerikanische und der europäische Rentenmarkt nahezu die gleichen Zinsbewegungen vollziehen. Die Langfristzinsen sollten leicht anziehen, die Inflationsrate wird sich in beiden Räumen vorläufig nicht nennenswert verändern. Deshalb sollte sich auch keine Lücke im Realzins zwischen beiden Räumen auftun. Vom realen Langfristzins dürften also keine entscheidenden Wechselkursbewegungen ausgehen. Dollarschwankungen infolge kurzfristiger Zinserwartungen sind natürlich immer möglich.
Die US-Wirtschaft war in den letzten Jahren weitaus dy-

namischer als die Volkswirtschaften der EU. Europa holt jedoch konjunkturell inzwischen auf. Es wird erwartet, daß das gesamtwirtschaftliche Wachstum in Europa wieder höher als in den USA ausfallen wird.
In der Außenwirtschaft wird der größte Unterschied zwischen dem Euro-Raum und den USA sichtbar. Chronische Leistungsbilanzdefizite in den USA stehen einem sich vergrößernden Leistungsbilanzüberschuß in Europa gegenüber. Während vom Euro-Raum ein sehr hoher Leistungsbilanzüberschuß erwartet wird, dürfte die USA das höchste Leistungsbilanzdefizit weltweit aufweisen.
Das außenwirtschaftliche Defizit dürfte wieder zum Belastungsfaktor für den Dollar werden, da sich das amerikanische Wirtschaftswachstum aller Voraussicht nach abschwächt. Der Dollar, der infolge der Finanzmarktkrise von seinem Status als »safe heaven« profitieren konnte, könnte deshalb gegenüber den europäischen Währungen allmählich an Wert verlieren.
Ein weiterer Einflußfaktor, der sich zukünftig auf die Stellung des Euro auswirken wird, sind große Kapitalverlagerungen, die zugunsten oder zuungunsten des Euro vorgenommen werden könnten. An den Weltfinanzmärkten dominiert der Dollar. Rund zwei Drittel der offiziellen Devisenreserven der Zentralbanken sind Dollar. Der Anteil der europäischen Währungen geht seit zwei, drei Jahren leicht zurück und beträgt noch etwa 21 Prozent. Der Anteil der D-Mark ist von 15 ½ Prozent im Jahr 1994 bis auf 13 Prozent Mitte 1997 gesunken.
Trends an den Finanzmärkten werden aber weit stärker von den Entscheidungen der privaten Investoren als von den Zentralbanken bestimmt. Indikatoren für die Verbreitung einer Währung sind beispielsweise die internationalen Bankeinlagen und der Umlauf internationaler Anleihen. Beides zusammen hat ein Marktvolumen, das etwa dem fünffachen der offiziellen Devisenreserven entspricht. Auch hier hat der Dollar mit 40 bis 50 Prozent einen hohen Marktanteil.

Vielleicht am eindrucksvollsten ist die Bedeutung des Dollar-Raums für die internationalen Aktien- und Rentenmärkte: 9000 Mrd. US-$ Aktienmarktkapitalisierung – das sind 47 Prozent des Weltmarktes – und 12 000 Mrd. US-$ Rentenmarktkapitalisierung (42 Prozent). Der Euro-Raum liegt dagegen zwischen 20 Prozent und 30 Prozent.
Mit der Währungsunion dürften sich einige Anteile der EU-Länder sogar noch verringern – so beispielsweise bei den offiziellen Devisenreserven. Die Zentralbanken der EWU-Teilnehmer müssen ihre Reserven, die sie bisher in EU-Valuten gehalten haben, in Euro tauschen. Da dieser für sie keine Reservewährung, sondern eigene Währung ist, werden die Devisenreserven der EZB niedriger sein als die kumulierten Bestände der bisherigen nationalen Notenbanken der EWU-Staaten. Der Anteil des Euro an den Weltwährungsreserven der Zentralbanken dürfte von 21 Prozent auf etwa 15 Prozent zu Beginn der Währungsunion zurückgehen.
Ein ähnlicher Effekt tritt im internationalen Devisengeschäft ein. Es wäre falsch, einfach die Anteile der EU-Währungen aufzuaddieren. Der gesamte Devisenhandel der EWU-Teilnehmer untereinander verschwindet. Schätzungen zufolge dürfte sich nach Elimination dieses Teils ein Anteil des Euro am internationalen Devisenhandel von 25 Prozent bis 30 Prozent ergeben. Der Dollar wird zunächst einmal an Bedeutung gewinnen, und zwar um fünf bis zehn Prozentpunkte.
Der Euro wird für den Dollar anfangs also ein Juniorpartner sein. Dies entspricht aber nicht den Relationen der Wirtschaftskraft. Auf der Basis der Zahlen von 1996 war das Bruttoinlandsprodukt der EU höher als das der USA. Auch wenn man den Vergleich auf die elf Teilnehmerländer beschränkt, ergibt sich eine ähnliche Wirtschaftskraft wie die der USA. Je nach Wechselkurs haben diese elf Länder eine gesamtwirtschaftliche Produktion von 80 Prozent bis 90 Prozent des US-Bruttoinlandspro-

dukts. Bei den Welthandelsanteilen haben die EU-Länder sogar einen Vorsprung: Die EU-Länder exportieren etwa 20 Prozent aller Waren weltweit, die USA etwa 15 Prozent.
Die EU kann sich in bezug auf Wirtschaftsleistung und Außenhandel also durchaus mit den USA messen. Was bedeutet dies für die Finanzmärkte? Der Euro steigert die Liquidität, Tiefe und Effizienz der europäischen Geld- und Finanzmärkte. Nicht über Nacht, aber nach einer gewissen Zeit dürfte der Euro daher eine wichtige Rolle im Weltwährungssystem spielen und dem US-Dollar Konkurrenz als internationale Reserve- und Anlagewährung machen.
Schon bald dürfte die Nachfrage nach Euro-Reserven von Ländern zunehmen, die den Euro als Ankerwährung verwenden. Dies werden EU-Länder sein, die am Anfang noch nicht dabei sind, sich aber über das bereits vereinbarte EWS II am Euro orientieren wollen. Sicherlich werden sich auch die mittel- und osteuropäischen Staaten, die der EU beitreten wollen, am Euro ausrichten.
Auch wird der Wunsch nach Portfolio-Diversifizierung zu Umschichtungen führen. Die asiatischen Länder könnten ein starkes Interesse am Euro entwickeln; ihre Zentralbanken halten etwa ein Drittel der globalen Währungsreserven. Für private Anleger wird sich der Euro rasch als ernstzunehmende Alternative zu Dollar und Yen erweisen. Wenn der Euro eine stabile Währung wird, bieten die größeren Euro-Finanzmärkte attraktive Anlagemöglichkeiten mit einer breiten Produktpalette, einem weiten Laufzeitenspektrum und einer größeren Liquidität.
Inzwischen gibt es Thesen, daß die Portfolio-Umschichtungen zugunsten des Euro lawinenartig auf die Märkte zukommen könnten. Eine davon lautet: Mit der Einführung des Euro werde es der Dollar wieder mit einem ernstzunehmenden Konkurrenten zu tun haben. Internationale Investitionen im Umfang von einer Billion Dollar könnten den Dollar verlassen und in den Euro fließen.

Die Kursschwankungen zwischen den wichtigsten Währungen der Welt würden deutlich zunehmen. Der Wechselkurs zwischen dem Euro und dem Dollar werde ein ernstes politisches Problem aufwerfen.
Setzt man den genannten Betrag in Relation zur Summe der offiziellen Devisenreserven und der privaten internationalen Finanzanlagen, so würde sich der Euro-Weltmarktanteil um etwa zehn Prozent erhöhen. Der Euro hätte dann Anteile über 30 Prozent. Eine Portfolio-Umschichtung dürfte in diesem Umfang realistisch sein. Sie könnte sogar größer ausfallen. Aber: die Verlagerung wird sich über einen langen Zeitraum erstrecken.
Werfen wir einen Blick zurück: Die großen Schwankungen zwischen dem Dollar und der D-Mark in den letzten 20 Jahren waren auch Nachwirkungen der weltweiten Inflation in den 70er Jahren. Der Prozeß der Disinflation, der mit einem harten geldpolitischen Kurs der meisten Notenbanken in den 80er Jahren einsetzte, verlief international nicht synchron. So ergaben sich immer wieder erhebliche Unterschiede in den ökonomischen Fundamentaldaten.
Nachdem nun in Europa und in den USA der Inflationsdruck kräftig zurückgegangen ist und auch die staatliche Konsolidierungspolitik besonders in den USA von Erfolg gekrönt ist, wird die internationale Koordination in der Geld- und Währungspolitik einfacher. Grundlegende Interessenkonflikte zwischen der zukünftigen EZB und der US-Notenbank sind wenig wahrscheinlich.
Weder in Europa noch in den USA droht kurzfristig eine Hochzinsphase. Die Inflationsraten bleiben – noch – niedrig, die Zinsschwankungen werden sich in Grenzen halten. Ein Zinsschub, der die Währungen aus dem Gleichgewicht bringt, ist wenig wahrscheinlich. Von daher dürfte die Volatilität zwischen dem Euro und dem Dollar nicht größer, sondern eher kleiner sein als zwischen D-Mark und Dollar.
Allerdings gibt es theoretische Argumente für eine grö-

ßere Volatilität. Mit dem Euro als zweiter großer internationaler Anlage- und Reservewährung entsteht eine Konkurrenz zweier Währungen, die von der Preistheorie her für Preisschwankungen anfällig ist. Ein Belastungsfaktor für die Stabilität der Euro/Dollar-Relation könnte auch eine weitere Auseinanderentwicklung der Außenhandelssalden sein – also ein noch höheres Defizit der USA und ein noch höherer Überschuß der EWU-Länder. Es bleibt zu hoffen, daß der Leistungsbilanzüberschuß im Euro-Raum durch eine gute Konjunktur gedämpft wird und sich das Leistungsbilanzdefizit der USA infolge einer schwächeren Binnennachfrage vermindert. Eine Prognose für die Volatilität der Euro/Dollar-Beziehung ist nicht einfach.

Wegen der niedrigen Inflationsraten und der geringeren Zinsschwankungen sollte sie aber nicht größer sein als zwischen der D-Mark und dem Dollar in den vergangenen Jahren.

Die Dresdner Bank kommt in ihrer Studie zu dem Fazit: Die fundamentalen Daten sprechen für einen starken Euro! Begründet wird dies folgendermaßen:

1. Der Euro-Raum verfügt über einen hohen Leistungsbilanzüberschuß.
2. Die europäische Wirtschaft ist im Aufwind, es bestehen Chancen für einen langen Aufschwung.
3. Die Europäische Zentralbank wird das Vertrauen der Finanzmärkte mit einem klar stabilitätsorientierten Kurs gewinnen.

Zwar wird der Euro als internationale Anlage- und Reservewährung anfangs nur ein Juniorpartner zum Dollar sein. Im Laufe der Jahre dürfte sich sein Weltmarktanteil aber dem des Dollar mehr und mehr annähern. Bedarf an einer Alternative zum Dollar ist sicherlich vorhanden. Hinter der neuen Währung steht auch ein Wirtschaftsraum, der es an Größe und Leistungsfähigkeit durchaus mit dem Dollar-Raum aufnehmen kann.

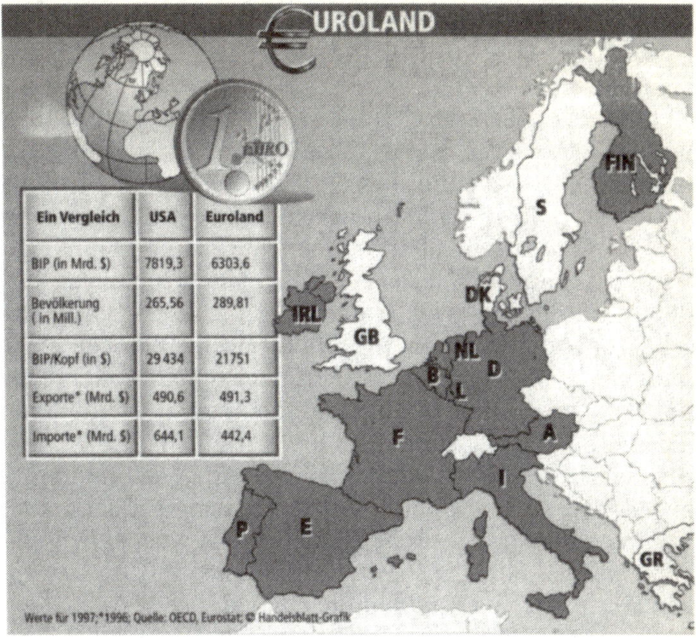

Ein Vergleich	USA	Euroland
BIP (in Mrd. $)	7819,3	6303,6
Bevölkerung (in Mill.)	265,56	289,81
BIP/Kopf (in $)	29 434	21751
Exporte* (Mrd. $)	490,6	491,3
Importe* (Mrd. $)	644,1	442,4

Abb. 5 (Quelle: Handelsblatt)

Der Euro wird sich diese Rolle aber verdienen müssen. Dazu gehört zweierlei. Zum einen müssen Stabilität und Stärke der Währung überzeugend bewiesen werden. In dieser Hinsicht gibt es allen Grund zur Zuversicht. Binnen- und außenwirtschaftliche Stabilität allein sind aber nicht hinreichend. Die Weltfinanzmärkte verlangen auch von der hinter einer Währung stehenden Volkswirtschaft Dynamik und Stabilität, und sie verlangen Solidität und Berechenbarkeit der Wirtschaftspolitik. Von größter Bedeutung wird daher auch zukünftig eine harmonische Wirtschaftspolitik aller EWU-Länder sein.

6. Welche Aufgaben wird die Europäische Zentralbank künftig haben?

Mit den Personalentscheidungen des Mai-Gipfels 1998 wurde der Weg für die Arbeitsaufnahme der EZB freigemacht. Die Besetzung des Entscheidungsgremiums, das ab 1999 mit Sitz in Frankfurt die alleinige Verantwortung für die Geldpolitik übernommen hat, sorgte für einige Unsicherheiten. Nach harten Auseinandersetzungen hat der Niederländer Wim Duisenberg die EZB-Präsidentschaft angetreten. Er hat erklärt, aus freien Stücken nicht die volle Amtszeit von acht Jahren leisten zu wollen. Damit hat Duisenberg es auf sich genommen, einen Kompromiß zu ermöglichen, der eine Verletzung des Maastricht-Vertrages vermeidet. Ob weitere Verabredungen getroffen wurden, bleibt der Spekulation überlassen. Während von französischer Seite erklärt wurde, Duisenberg werde spätestens Mitte 2002 seinen Platz für einen französischen Präsidenten räumen, betonten andere

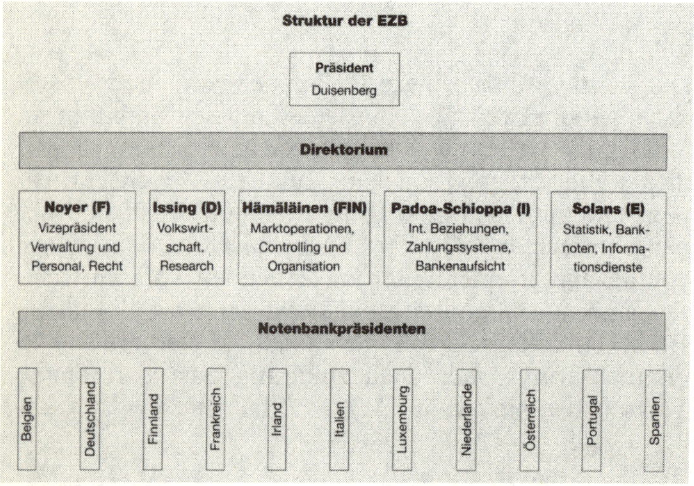

Abb. 6

ORGANISATIONSSTRUKTUR DER EUROPÄISCHEN ZENTRALBANK

Zuständigkeiten des Direktoriums

	Generaldirektion	Direktorat	Sektion
Duisenberg, Willem F. (62) Präsident Amtszeit: 8 Jahre (?)		Sekretariat/Protokoll; Öffentlichkeitsarbeit inkl. Archiv, Bibliothek, Fremdsprachendienst; Interne Revision	
Noyer, Christian (47) Vizepräsident Amtszeit: 4 Jahre	Administration	Interne Finanzen Personal Recht	„Middle Office"
Issing, Otmar (62) Amtszeit: 8 Jahre	Volkswirtschaftliche Analyse und Research		
Hämäläinen, Sirkka (59) Amtszeit: 5 Jahre	Geld- und Devisenmarktoperationen	Controlling/Organisation	
Padoa-Schioppa, Tommaso (57) Amtszeit: 7 Jahre	Internationale und Europäische Beziehungen; Zahlungsverkehr		Bankenaufsicht
Domingo Solans, Eugenio (52) Amtszeit: 6 Jahre	Informationssysteme	Banknoten Statistik	

Quelle: EZB-Angaben

Abb. 7

europäische Politiker, daß die Entscheidung über das Rücktrittsdatum allein ihm selbst überlassen sei.

Das Direktorium umfaßt weiter den französischen Finanzexperten Christian Noyer (Vizepräsident, Amtszeit vier Jahre), die bisherige finnische Notenbankpräsidentin Sirkka Hämäläinen (fünf Jahre), Otmar Issing, bisher Bundesbank-Chefvolkswirt (acht Jahre), Eugenio Domingo Solans von der spanischen Notenbank (sechs Jahre) und Tomaso Padoa-Schioppa, vorher Leiter der italienischen Börsenaufsicht (sieben Jahre). Künftig werden die Amtszeiten regelmäßig acht Jahre betragen. Durch die anfängliche Staffelung wird erreicht, daß in Zukunft Neubesetzungen über die Zeit verteilt anfallen und die Kontinuität im Direktorium gesichert ist.

Der Europäische Zentralbankrat besteht satzungsgemäß aus dem sechsköpfigen Direktorium und den elf Präsidenten der nationalen Notenbanken. Luxemburg errichtet deshalb noch eine eigene Zentralbank. Diese Konstruktion entspricht formal derjenigen der Bundesbank. Zahlenmäßig sind die elf nationalen Zentralbankpräsidenten gegenüber dem sechsköpfigen Direktorium deutlich in der Mehrheit. Die Stimmenverteilung räumt also dem Direktorium weniger Einfluß ein, als es im deut-

schen Zentralbankrat mit acht Direktoriumsmitgliedern und neun Landeszentralbankpräsidenten der Fall war.
Eine solche Konstruktion hat gute Gründe. Zum einen war stets unbestritten, daß alle Mitgliedsländer mit ihrem Zentralbankpräsidenten nach dem Prinzip »ein Land – eine Stimme« vertreten sein müssen. Ein Modell wie das amerikanische, in dem nur ausgewählte Federal Reserve Banks im Federal Reserve Board Sitz und Stimme haben, schied für Europa aus.
Es ist zu hoffen, daß das EZB-Direktorium dieselbe prägende Rolle übernehmen kann wie das Bundesbankdirektorium in der deutschen Geldpolitik. Dazu bedarf es aber noch einiger Veränderungen. Recht ungleichgewichtig erscheint beispielsweise die Personalausstattung der EZB im Vergleich zu der der nationalen Zentralbanken: Rund 500 EZB-Mitarbeitern stehen mehr als 60 000 in den nationalen Zentralbanken gegenüber. Die im EZB-Rat vertretenen Notenbankpräsidenten haben also zumindest anfänglich ein weitaus größeres Reservoir an Analysten und Beratern hinter sich als das Direktorium. Die Personalpolitik der EZB wird sicherlich auf die besten Kräfte innerhalb und außerhalb der nationalen Zentralbanken zielen. Die europäische Geldpolitik muß mit einer Stimme sprechen, und ihre Botschaft darf nicht von nationalen Differenzen und Einzelinteressen übertönt werden.
Laut Statut der EZB führt das Direktorium die laufenden Geschäfte, der gesamte Rat bestimmt die Grundsätze der Geldpolitik. Eine wichtige Frage dabei wird sein, wie die Wertpapierpensionssätze festgesetzt werden. Die in Deutschland geltende Kompetenzverteilung hat sich wohl daraus ergeben, daß Wertpapierpensionsgeschäfte erst in jüngerer Zeit das dominierende geldpolitische Instrument geworden sind, während früher der Diskont- und Lombardsatz und die Mindestreservesätze als wichtigste Instrumente galten.

Geldpolitische Instrumente der Europäischen Zentralbank

Wichtigstes Instrument der Geldpolitik werden Offenmarktgeschäfte sein. Diese lassen sich aufgliedern in befristete Transaktionen (Pensionsgeschäfte oder Pfandkredite), definitive Käufe und Verkäufe, Emission von Schuldverschreibungen, Devisenswapgeschäfte und Hereinnahme von Termineinlagen.

Wichtigster Zinssatz wird damit der Wertpapierpensionssatz sein – nicht anders als heute in Deutschland, wo der »Repo-Satz« neben Diskont- und Lombardsatz zum wichtigsten Leitzins avanciert ist. Einen Diskontsatz wird es in der europäischen Geldpolitik nicht mehr geben, da eine Diskontpolitik nach deutschem Muster von der EZB nicht praktiziert wird.

Eine in etwa dem deutschen Lombardsatz vergleichbare Rolle wird der Zinssatz für die »Spitzenrefinanzierungsfazilität« spielen. Zu diesem Satz können Banken – gegen entsprechende Sicherheiten – kurzfristige Liquiditätsbedürfnisse decken. Der Satz wird im allgemeinen die Obergrenze für die Tagesgeldsätze bilden. Ein aus deutscher Sicht neues Instrument ist die »Einlagenfazilität«, in der Banken kurzfristig überschüssige Mittel anlegen können. Der gebotene Zins wird in der Regel eine Untergrenze für den Tagesgeldsatz bilden.

Hinzu kommt eine verzinsliche Mindestreservepflicht für die Banken. Auch Nicht-Euro-Banken sollen ihren heimischen Kreditinstituten Innertages-Liquidität in Euro auf der Basis eines Euro-Guthabens beim Europäischen System der Zentralbanken anbieten können. Die EZB-Währungsreserven sollen sich zu 85 Prozent aus Fremdwährungen und zu 15 Prozent aus Gold zusammensetzen.

Zur bisher in Europa fast nur in Deutschland praktizierten Mindestreservepflicht, für die sich vor allem die Bundesbank stark gemacht hat, ist vom EZB-Rat eine Empfehlung erarbeitet worden. Mit dem Instrument der Mindestreserven werden drei Erwartungen verknüpft:

1. Das Mindestreservesystem soll zur Stabilisierung der Geldmarktsätze beitragen.
2. Es soll die Nachfrage nach Zentralbankgeld erhöhen und so eine strukturelle Liquiditätsknappheit am Markt sicherstellen, zum Beispiel, um auf ein weiteres Vordringen des elektronischen Geldes zu reagieren.
3. Überdies soll das Mindestreservesystem durch die Erhöhung der Zinselastizität der Geldnachfrage zur Geldmengensteuerung beitragen.

Folgende Eckpunkte wurden geregelt:

- Der Umfang der Mindestreserve soll zwischen 1,5 Prozent und 2,5 Prozent der Verbindlichkeiten der Banken betragen. Zu diesen gehören Einlagen, ausgegebene Schuldverschreibungen und Geldmarktpapiere. Ausgenommen werden Verbindlichkeiten unter Banken sowie gegenüber dem ESZB. Für Repogeschäfte sowie Einlagen und Schuldverschreibungen mit mehr als zwei Jahren Laufzeit gilt ein Reservesatz »0«.
- Vom Mindestreservesoll jedes Kreditinstituts wird pauschal ein Freibetrag von 100 000 Euros abgezogen.
- Die EZB wird die Mindestreserveguthaben in einer Höhe verzinsen, die dem Satz für ihre zweiwöchigen Hauptrefinanzierungsgeschäfte entspricht.

Das künftige Verrechnungssystem zwischen den Euro-Notenbanken (TARGET) schafft nach Ansicht des EZB-Rats mit seiner Öffnung für Nicht-Euro-Banken eine weltweit einzigartige Situation, mit der Großbritannien als vorläufiges Nicht-Euro-Land sehr zufrieden sein sollte. Danach können Nicht-Euro-Banken ihren heimischen Kreditinstituten Innertages-Liquidität in Euro auf der Basis eines Euro-Guthabens beim ESZB anbieten.

Die Höhe eines solchen Guthabens wird für jede nationale Zentralbank festgelegt. Das Volumen, das diese ihren Kreditinstituten einräumen kann, wird einer Obergrenze unterliegen.

Die geldpolitische Strategie der Europäischen Zentralbank

Von der Konzeption der europäischen Geldpolitik wird erwartet, daß die Notenbank ein Geldmengenziel setzt und dieses durch ein Inflationsziel ergänzt. Dr. Michael Heise von der DG-Bank geht von der Annahme aus, daß die Europäische Zentralbank sich für eine Konzeption mit einem Geldmengen- und einem Inflationsziel entscheidet, und leitet daraus ab, wie diese Ziele gesetzt werden könnten. In Anbetracht der derzeitigen Wachstumsdynamik in Europa könnte die Zielvorgabe für das Geldmengenwachstum (M 3) in den nächsten Jahren bei fünf Prozent liegen. Das Inflationsziel dürfte als Bandbreite formuliert werden; null bis zwei Prozent Preisniveausteigerung erscheinen nach den beachtlichen Stabilitätsfortschritten der letzten Jahre nicht zu ehrgeizig.

Damit wäre die geldpolitische Strategie allerdings nur grob definiert. Offen ist nämlich die Frage, wie das Inflationsziel konkret umgesetzt wird. Denn die Kombination von Geldmengen- und Inflationsziel kann auf unterschiedliche Weise geschehen. Ist das Inflationsziel lediglich ein Faktor, der in die Berechnung der angemessenen Geldmengenexpansion eingeht? Oder wird die Europäische Zentralbank zu einer echten Endzielsteuerung übergehen und dem Inflationsziel Vorrang vor dem Geldmengenziel einräumen? Kurzfristig, das heißt über ein, zwei oder auch drei Jahre wird eine Inflation von vielen Faktoren, wie der Konjunktur, der Lohnkostenentwicklung, von Rohstoffpreisveränderungen oder Steueränderungen bestimmt.

In den USA steuert die FED ihre Politik anhand einer

größeren Anzahl von Indikatoren, die inflationäre Gefahren frühzeitig signalisieren können. Dazu gehören vorlaufende Konjunkturindikatoren, Kapazitätsauslastungsgrade, Geldmengenindikatoren, Rohstoffpreise, Arbeitsmarktindizes sowie Indikatoren für die Preisentwicklungen an den Vermögensmärkten. Soweit keine Gefahren für die Preisniveaustabilität zu erkennen sind, versucht die FED, auch einen Beitrag zur Steigerung von Produktion und Beschäftigung zu leisten. Ob der amerikanische Ansatz der Geldpolitik auf Europa übertragen werden könnte, wird aus mehreren Gründen für fraglich gehalten.

Enttäuschungen könnten dadurch entstehen, daß sich die Einwirkungsmöglichkeiten der Geldpolitik auf Wachstum und Beschäftigung in Europa als eher gering erweisen. Für die realwirtschaftliche Effektivität der Geldpolitik kommt es nämlich ganz wesentlich auf das Zusammenspiel der Geld- und Lohnpolitik an. Wenn die Lohnpolitik bei Nachfragesteigerungen rasch mit höheren Lohnabschlüssen reagiert, stellt dies die Wirksamkeit der Geldpolitik von vornherein in Frage. Dieses Problem hat es in den Vereinigten Staaten in den vergangenen Jahren nicht gegeben. Trotz eines beispiellosen Anstiegs der Produktion, der Beschäftigung und der Unternehmensgewinne hat sich der Lohnanstieg nicht beschleunigt. Die Inflation blieb gedämpft, und die FED mußte die Konjunktur deswegen nicht bremsen. Eine ähnlich starke wirtschaftliche Dynamik hätte mit an Sicherheit grenzender Wahrscheinlichkeit in Europa zu einer Beschleunigung des Nominallohnanstiegs geführt.

Eine pragmatische Geldpolitik muß also denjenigen Grad der Kapazitätsauslastung bzw. der Arbeitslosigkeit abschätzen können, ab dem mit Inflation gerechnet werden muß. Eine weitere Schwierigkeit für die europäische Geldpolitik dürfte darin bestehen, daß sie unter Umständen starke nationale Interessensgegensätze ausgleichen muß, und sie kann nicht von einem völlig einheitlichen

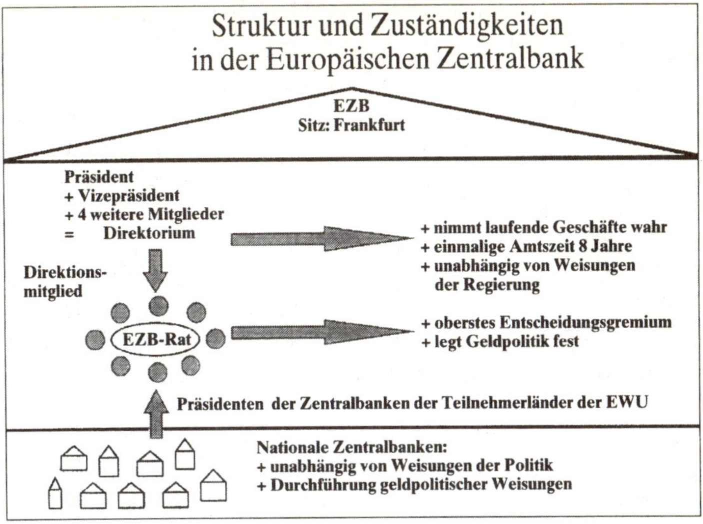

Abb. 8

Grundverständnis zwischen den Ländern ausgehen. Um trotzdem eine hohe Akzeptanz zu schaffen, sollten sich die Beteiligten auf allgemein anerkannte Regeln ihrer Politik verständigen.

7. Kann eine einheitliche Geldpolitik unterschiedlichen Konjunkturverläufen gerecht werden?

Nachdem der Teilnehmerkreis von elf Ländern feststeht, werden Bedenken geäußert, eine unterschiedliche Konjunkturentwicklung in den einzelnen Teilnehmerstaaten, insbesondere zwischen Kerneuropa und den Randländern wie Italien, Spanien und Portugal könne für die einheitliche Geldpolitik der EZB zukünftig große Probleme bedeuten. Die Kunst der EZB wird darin bestehen, eine einheitliche Geldpolitik so zu gestalten, daß sie sich mit

der Wirtschaftsentwicklung aller Teilnehmerstaaten vereinbaren läßt. Da sie jedoch nicht auf der einen Seite als Bremser wirken kann, und gleichzeitig für einige andere Länder Gas geben wird, könnte sie in Schwierigkeiten geraten. Schreitet die Konjunktur in einigen Ländern sehr schnell voran, wird sie versuchen, die Zinszügel anzuziehen; bleiben jedoch einige Länder in ihrer wirtschaftlichen Entwicklung zurück, müßte sie dort mit Zinssenkungen der Konjunktur auf die Beine helfen. Sicherlich eine der schwersten Aufgaben der EZB wird es sein, diese Gratwanderung zwischen Zinssenkung und Zinserhöhung so zu gestalten, daß sie allen Teilnehmerstaaten gerecht wird.
So wird beispielsweise darauf hingewiesen, daß bei einer noch lahmenden Konjunktur in Deutschland und Frankreich mit einer hohen Arbeitslosigkeit und niedrigen Inflationsraten eine Zinserhöhung nicht zu vermitteln wäre, während in anderen Ländern, deren Konjunkturverlauf bereits weiter fortgeschritten ist, eine Senkung der Notenbankzinsen auf das deutsche Niveau stabilitätspolitisch nicht zu vertreten sei.
In einer Studie hat die DG-Bank untersucht, wie weit die konjunkturelle Übereinstimmung in Europa fortgeschritten ist und ob unter diesem Aspekt die Bedenken gegen eine einheitliche Geldpolitik gerechtfertigt erscheinen. Die Behauptung, die konjunkturelle Situation der Länder des »Kerns« (Deutschland, Frankreich, Benelux, Österreich) unterscheide sich stark von der »Peripherie« (Italien, Spanien, Portugal, Irland, Finnland) läßt sich danach nicht halten.
Zieht man zunächst die jährlichen Wachstumsraten des Bruttoinlandsprodukts der EWU-Kernländer als wichtigste Konjunkturindikatoren heran, so läßt sich innerhalb dieser Gruppe eine deutliche Übereinstimmung der Konjunkturschwankungen ausmachen. Die späten 80er Jahre brachten in allen fünf Ländern eine Phase kräftigen Wachstums, gefolgt von einer allgemeinen Rezession im

Jahr 1993, die lediglich in Österreich und den Niederlanden nicht zu einem Rückgang des Bruttoinlandsproduktes führte. Daran schließt sich bis heute eine Phase moderaten Wachstums an, wobei die niederländische Wirtschaft am kräftigsten expandiert.
Der stärkste Zusammenhang zeigt sich erwartungsgemäß zwischen der Konjunktur in Deutschland, den Niederlanden und Österreich, wobei sowohl die enge Handelsverflechtung als auch die abgestimmte Geldpolitik hier bestimmend sein dürften. Die Korrelation mit dem französischen BIP-Wachstum ist nicht ganz so hoch, da sich sowohl Anfang der 80er Jahre als auch in der Folge der deutschen Wiedervereinigung die Konjunktur in beiden Ländern unterschiedlich entwickelte.
Auffällig sind die Sonderbewegungen in Finnland nach dem Zusammenbruch des Osthandels und in Irland mit deutlich überdurchschnittlichen Wachstumsraten in den 90er Jahren. Die Mittelmeerländer Italien, Spanien und Portugal weisen offenbar einen stärkeren Zusammenhang mit der Konjunktur in Kerneuropa auf, als häufig vermutet wird. Insbesondere die konjunkturelle Entwicklung in Italien und Spanien ist eng mit derjenigen Zentraleuropas verbunden. Die Korrelation liegt hier im gleichen Bereich wie zwischen Deutschland, Österreich und den Niederlanden, also zwischen den drei Ländern mit schon abgestimmter Geldpolitik. Aus dieser Perspektive lassen sich demnach, zumindest was die großen EU-Länder betrifft, keine grundsätzlichen Bedenken im Hinblick auf die Währungsunion rechtfertigen. Die Behauptung eines sehr unterschiedlichen Konjunkturverlaufs kann allenfalls in bezug auf Finnland und Irland bestätigt werden, wobei im Falle Finnlands einmalige Sondereffekte eine wichtige Rolle spielen dürften.
Die Wachstumsraten des realen BIP, die hier betrachtet werden, sind im Hinblick auf Inflationsgefahren nicht unbedingt sehr aussagekräftig, denn gleiche Wachstumsra-

ten können mit unterschiedlichen Inflationsraten einhergehen.
Auch wenn ein weitgehend übereinstimmender konjunktureller Gleichlauf zwischen den Kern- und den Peripherie-Ländern deutlich wird, so gibt es doch beträchtliche Unterschiede in der Stärke des jeweiligen Aufschwungs. Während sich etwa die französische Ökonomie im Laufe des Jahres 1998 noch in einer Phase der Unterauslastung befindet, bewegen sich die Niederlande schon am Rande zur Überhitzung. Die Gründe für das unterschiedliche Expansionstempo dürften jedoch weniger in der Geldpolitik als in den sonstigen wirtschaftspolitischen Rahmenbedingungen zu suchen sein. Es ist daher für das Funktionieren der Währungsunion unabdingbar, daß die einzelnen Volkswirtschaften die nötigen Strukturreformen in Angriff nehmen und daß die Regierungen nicht versuchen, ihre eigene Verantwortung auf die EZB abzuschieben!
Insgesamt lassen sich aufgrund dieser Studie keine grundsätzlichen Bedenken im Hinblick auf die konjunkturelle Verträglichkeit eines einheitlichen Zinsniveaus ableiten. Sämtliche Teilnehmerstaaten befinden sich in einem konjunkturellen Aufschwung, akute Inflationsgefahren sind dennoch derzeit nicht zu erkennen. Die Teilnehmerländer sollten die Konjunktur nutzen, um Strukturreformen am Arbeitsmarkt und in den Sozialversicherungssystemen anzugehen, denn die Währungsunion wird den Wettbewerb in Europa intensivieren. Überhöhte Lohnabschlüsse schlagen sich schnell in Beschäftigungsverlusten und Anpassungsrezessionen nieder, die geldpolitisch nicht mehr abgefedert werden können. Damit es nicht zu einem Druck in Richtung auf höhere Transferleistungen kommt, muß einerseits die Finanzpolitik in konjunkturell günstigen Phasen Handlungsspielraum gewinnen und andererseits die Flexibilität der Arbeitsmärkte gesteigert werden.
Bei der Konzeption einer einheitlichen geldpolitischen

Strategie für die EZB muß darauf geachtet werden, daß die Geldpolitik nicht für die strukturpolitischen Versäumnisse der einzelnen Regierungen haftbar gemacht werden kann. Das erste und wichtigste Ziel der Geldpolitik ist Preisniveaustabilität. Natürlich muß sie, um dies zu erreichen, dem Konjunkturverlauf angemessen sein. Sie soll im Rahmen ihrer Möglichkeiten auch Wachstum und Beschäftigung unterstützen. Doch es darf nicht vergessen werden, daß diese Möglichkeiten begrenzt sind. Allein mit geldpolitischen Mitteln kann kein Konjunkturaufschwung herbeigeführt werden. Viel wichtiger für Wachstum und Beschäftigung sind die realen und wirtschaftspolitischen Rahmenbedingungen wie die Flexibilität der Märkte, die Qualifikation der Arbeitskräfte, die Infrastrukturausstattung, die Höhe der Steuersätze oder das Ausmaß der Regulierung. Dies scheint derzeit bei der allgegenwärtigen Berichterstattung von den Weltfinanzmärkten und der damit verbundenen Fixierung auf die Geldpolitik etwas in Vergessenheit zu geraten.
Nach einem Forschungsbericht des IWF reagieren die EU-Länder auf geldpolitische Maßnahmen unterschiedlich. Wenn dies zutrifft und wenn solche Unterschiede auch in der Währungsunion fortbestehen würden, so dürfte es für die EZB schwierig werden, einen allgemein verträglichen geldpolitischen Kurs zu finden.
Der bisher vorhandene »Wechselkurskanal« wird mit der Währungsunion seine Bedeutung verlieren, da die innereuropäischen Wechselkurse wegfallen. Das hat für die Länder, deren Währungen gegenüber der D-Mark schon seit längerem kaum schwankten, keine gravierenden Auswirkungen. Die Länder mit größeren Wechselkursschwankungen in der Vergangenheit werden sicher anders – in der Tendenz vermutlich schwächer – auf geldpolitische Maßnahmen reagieren. Allerdings wird sich auch die Ausrichtung der Geldpolitik ändern. Wechselkursziele werden sicher eine geringere Rolle spielen, als dies bisher bei einem Großteil der Länder der Fall war.

Das Entfallen des Wechselkurskanals bedeutet, anders ausgedrückt, auch, daß die Währungsunion eine geschlossenere Wirtschaft darstellt, als es die Teilnehmerländer vorher waren. Dies spricht dafür, daß der direkte Zusammenhang zwischen Geldpolitik und nominalem Wirtschaftswachstum deutlicher wird.
Auch was die unterschiedlichen Finanzstrukturen der Länder angeht, ist mit erheblichen Veränderungen in Richtung auf größere Einheitlichkeit zu rechnen, zumindest insofern sich die Strukturunterschiede als Reaktion auf die unterschiedlichen Entwicklungen herausgebildet haben. Die günstigeren Inflationserwartungen werden tendenziell zu längerfristigen Kreditvereinbarungen führen. Auch werden die Kreditkosten bei größerer Stabilität der kurzfristigen Zinssätze weniger schwanken. Der intensivere Wettbewerb im Finanzsektor dürfte darauf hinwirken, daß das Verhalten der Banken ähnlicher wird, was die Weitergabe veränderter Refinanzierungskosten angeht. Auch in vielen weiteren Bereichen dürften sich Geschäftspraktiken und Regulierungen weiter angleichen – man denke beispielsweise an Emissionsverfahren oder Zinsberechnungsmodalitäten.

8. Wie beeinflußt der Euro die Wirtschaftspolitik der einzelnen Teilnehmerstaaten?

Die vielleicht gravierendste Konsequenz des einheitlichen Wirtschaftsraums ist, daß die Regierungen eine Reihe wirtschaftspolitischer Instrumente verlieren. Es entfällt die Möglichkeit einer nationalen Zinspolitik und die Möglichkeit zur Beeinflussung der Wechselkurse zwischen den Teilnehmerländern. Auch die Finanzpolitik wird stärkeren Restriktionen unterworfen. Wenn in der EWU die Wirtschaftsentwicklung in einzelnen Regionen den Zielvorstellungen zuwiderläuft, so werden andere

wirtschaftspolitische Anpassungsmechanismen als Wechselkurs, Zins und Haushaltsdefizit gefunden werden müssen.
Was können einzelne Regionen wirtschaftspolitisch unternehmen, wenn es etwa einen negativen Nachfrageschock gibt, sich also die Nachfrage von den Produkten dieser Region abwendet, oder wenn die Lohnkostenentwicklung allzu stark über die Produktivitätsentwicklung in den Unternehmen hinausschießt?
Da die traditionellen Instrumente nicht mehr zur Verfügung stehen, wird sich, nach der These von Dr. Michael Heise, Chefvolkswirt der DG-Bank, der Handlungsspielraum auf die Angebotspolitik verlagern, in deren Zentrum Bereiche wie Lohn- und Tarifpolitik, daneben die Steuerpolitik, die Arbeitszeitpolitik, die Sozialpolitik, die Technologiepolitik bis hin zur Umweltpolitik stehen. Der innereuropäische Standortwettbewerb wird auch nach der Währungsunion weiter bestehen, und er wird weit stärker als in der Vergangenheit mit angebotspolitischen Instrumenten ausgetragen werden.
Die These eines intensiveren Standortwettbewerbs mit entsprechend starker Differenzierung in den regionalen Wirtschaftsbedingungen scheint im Widerspruch zu der These zu stehen, daß die Währungsunion doch mit einer Harmonisierung wichtiger Bedingungen einhergehen muß. In der Tat gibt es eine Reihe von Bereichen, in denen eine Beseitigung wettbewerbsverzerrender oder administrativ sehr aufwendiger Regelungen unter Harmonisierungsgesichtspunkten notwendig sein wird.
Beispiele hierfür sind die Mehrwertsteuersätze, die KFZ- und Mineralölsteuerregelungen und nicht zuletzt die unterschiedlichen Regelungen der Kapitalertragsbesteuerung, die bekanntlich zu starken Kapitalbewegungen in Europa geführt haben.
In vielen anderen Bereichen wäre eine erzwungene Harmonisierung angesichts der noch großen wirtschaftlichen Leistungsunterschiede zwischen den Regionen in Europa

aber abwegig und gefährlich. Schwächere Regionen müssen die Möglichkeit haben, durch niedrigere Steuern, längere oder flexiblere Arbeitszeiten, ein niedrigeres soziales Sicherungsniveau, raschere Genehmigungsprozeduren für Investitionen und ähnliches attraktiv für die Ansiedlung neuer Unternehmen und neuer Arbeitsplätze zu bleiben. Dies liegt auch im Interesse der Hochlohn- und Hochsteuerregionen. Denn würde die wirtschaftliche Erholung in nachhinkenden Regionen erschwert, so wüchse das Risiko, daß die reicheren Länder zu Transferzahlungen herangezogen werden.

Die Erwartung, daß der wirtschaftspolitische Ordnungsrahmen im zukünftigen Europa stärker marktwirtschaftlich geprägt sein wird, beruht zum Teil auf beobachtbaren Trends. Der Weg, den Länder wie Großbritannien, in den letzten Jahren auch Schweden, Dänemark und die Niederlande beschritten haben, scheint erfolgversprechend zu sein. Weniger staatliche Eingriffe in die Marktwirtschaft durch Deregulierung und Privatisierung, Senkung der Steuern, Flexibilisierung von Märkten können wirtschaftlichen Elan erzeugen und letztlich Arbeitsplätze schaffen. Andere Länder wie Deutschland und Frankreich sind auch auf diesen Kurs eingeschwenkt, allerdings mit wesentlich geringerem Nachdruck.

Sicherlich setzt eine solche Vision eine gewisse Zuversicht in die Vernunft der Wirtschafts- und Tarifpolitik voraus. Gewicht bekommt sie aber schon durch die Überlegung, daß der Wettbewerbsdruck auf die nationale Wirtschaftspolitik im Zuge der Globalisierung massiv ansteigt. Die Regierungen werden gezwungen sein, gerade mit der erhöhten Kapitalmobilität in der Währungsunion, auf die Wettbewerbskraft ihrer Wirtschaft zu achten. Unter den Bedingungen der Währungsunion werden strukturelle Fehlentwicklungen sehr schnell zu Arbeitsmarktproblemen führen.

Die Erkenntnis, daß die Wirtschaftspolitik als Folge der Globalisierung und verstärkt durch die Europäische

Währungsunion immer stärker unter den Druck des Marktes geraten könnte, löst vielfach Betroffenheit aus. Wird der Standortwettbewerb zu einem ruinösen Konkurrenzkampf der Länder untereinander führen, der die Steuerbasis der einzelnen Länder erodieren läßt und den Sozialstaatsgedanken immer weiter zurückdrängt? Können gesellschaftspolitische Ziele wie Verteilungsgerechtigkeit und soziale Absicherung noch verankert werden? Wird der globale Wettbewerb der nationalstaatlichen Wirtschaftspolitik überhaupt noch Spielräume lassen? Man kann darauf verweisen, daß die staatliche Einflußnahme in den Wirtschaften Westeuropas in den letzten Jahrzehnten viel zu weit gegangen ist, daß Verteilungspolitik und Besitzstandsdenken zu einer Verkrustung von wirtschaftlichen Strukturen geführt haben und daß aus dieser Perspektive die geschilderten Anpassungsprozesse eine heilsame Korrektur vorangegangener Übertreibungen sind. Die definitive Antwort auf die langfristigen Herausforderungen der Globalisierung ist damit noch nicht gegeben. Aber das sollte nicht davon ablenken, schon jetzt konkrete Reformansätze zu verfolgen, die der Wachstums- und Beschäftigungsentwicklung in Europa neue Dynamik verleihen könnten.

9. Was bedeutet die anstehende Osterweiterung für die EWU?

Als eine weitaus schwierigere Aufgabe als der Zusammenschluß der elf Teilnehmerländer zur EWU dürfte sich die geplante Osterweiterung im Jahr 2002 und darüber hinaus erweisen. Als Beitrittskandidaten, mit denen seit geraumer Zeit verhandelt wird, stehen Polen, Tschechien, Ungarn, Estland, Slowenien und Zypern zur Diskussion. Zugleich wird ein Beitrittsverfahren mit fünf weiteren Aspiranten offiziell eröffnet: Bulgarien, Lettland, Litauen, Rumänien und die Slowakei.

Nicht angenommen wurde das Beitrittsgesuch der Türkei. Das Land wurde aber eingeladen, an einer Europa-Konferenz teilzunehmen; diese ist als Plattform für einen Meinungsaustausch all der Länder konzipiert, die grundsätzlich für einen Beitritt in die Europäische Union in Betracht kommen. Die türkische Regierung hat das Angebot als unzureichend zurückgewiesen.
Nicht nur bei den Rechts- und Sozialsystemen gibt es noch himmelweite Unterschiede zwischen den EU-Ländern, sondern die Umstellung der Volkswirtschaften auf einen gemeinsamen europäischen Standard wird in den kommenden Jahren bzw. Jahrzehnten noch einige Fragen und Probleme aufwerfen. Mit diesem Thema hat sich ausführlich der wissenschaftliche Beirat des Frankfurter Instituts, der Kronberger Kreis, in einer Studie mit dem Titel »Osterweiterung der Europäischen Union – Als Chance zur Reform begreifen« beschäftigt. Die folgenden Ausführungen beziehen sich auf diese Studie.
Neben den genannten Kandidaten gibt es weitere europäische Staaten, welche langfristig ebenfalls den Weg in die Europäische Union finden könnten: Norwegen, die Schweiz und Island. Die Mittelmeerinsel Malta hatte bereits ein formelles Beitrittsgesuch gestellt, dies aber nach einem Regierungswechsel Ende 1996 wieder zurückgezogen. Hinzu kommen die Balkanstaaten Albanien, Bosnien-Herzegowina, Kroatien, Mazedonien und Serbien mit Montenegro.
Als Beitrittskriterien formulierte der Europäische Rat die folgenden Bestimmungen (1993 in Kopenhagen festgelegt):
»Als Voraussetzung für die Mitgliedschaft muß der Beitrittskandidat eine institutionelle Stabilität als Garantie für demokratische und rechtsstaatliche Ordnung, für die Wahrung der Menschenrechte sowie die Achtung und den Schutz von Minderheiten verwirklicht haben; sie erfordert ferner eine funktionsfähige Marktwirtschaft sowie die Fähigkeit, dem Wettbewerbsdruck und den

Marktkräften innerhalb der Union standzuhalten. Die Mitgliedschaft setzt außerdem voraus, daß die einzelnen Beitrittskandidaten die aus einer Mitgliedschaft erwachsenden Verpflichtungen übernehmen und sich auch die Ziele der politischen Union sowie der Wirtschafts- und Währungsunion zu eigen machen können.
Die Fähigkeit der Union, neue Mitglieder aufzunehmen, dabei jedoch die Stoßkraft der europäischen Integration zu erhalten, stellt ebenfalls einen sowohl für die Union als auch für die Beitrittskandidaten wichtigen Gesichtspunkt dar.«
Die geplante Osterweiterung der Europäischen Union ist ein Vorhaben von außergewöhnlicher Bedeutung. Vorbereitung und erfolgreiche Realisation stellen die Gemeinschaft in den kommenden Jahren vor Aufgaben, die kaum zurückbleiben hinter dem, was das Projekt Europäische Währungsunion verlangte und noch verlangt. Die anstehende Vergrößerung um sechs bzw. elf weitere Staaten ist in ihrem Gewicht mit den bisherigen Erweiterungen kaum vergleichbar. In bezug auf die mittel- und osteuropäischen Staaten hat man treffend von deren »Rückkehr nach Europa« gesprochen. Und die gegenwärtige Gemeinschaft wird am Ende des Prozesses, ob sie das nun will oder nicht, qualitativ eine andere sein.
Welches Konfliktpotential birgt der Beitritt dieser Länder in sich? Bei den mittel- und osteuropäischen Ländern, die in 40 Jahren kommunistischer Herrschaft mehr oder weniger ruiniert worden sind, wird die Frage der Beitrittsfähigkeit zur Schlüsselvoraussetzung. Die sechs Länder, mit denen es konkrete Beitrittsverhandlungen gibt, werden die Bevölkerung der Union um 17 Prozent vergrößern. Das gemeinsame Bruttoinlandsprodukt wird sich nur um drei Prozent erhöhen. Mit Ausnahme Zyperns werden sämtliche Beitrittskandidaten nach den heute geltenden Regeln zu den sogenannten Nettoempfängern von Finanzmitteln der Gemeinschaft gehören.
Auf Seiten der Beitrittsländer stellt sich die Frage, ob sie

den Regeln der Gemeinschaft überhaupt schon gewachsen sein können. Auf Seiten der Gemeinschaft kann es ohne Anpassungsmaßnahmen leicht zu einer Überforderung kommen. Dies gilt insbesondere für die ausgabenintensive Agrarpolitik, die derzeit etwa die Hälfte des EU-Haushaltes in Anspruch nimmt, und für die Strukturpolitik in ihren verschiedenen Ausprägungen.
Unter solchen Umständen werden selbst die Grundfreiheiten der Europäischen Union zum Problem. Dies bezieht sich auch auf die Freizügigkeit der Arbeitnehmer. In der bisherigen Gemeinschaft ist es noch nicht zu substantiellen Wanderungsbewegungen gekommen. Anders als zum Beispiel in den Vereinigten Staaten ist die Mobilität der Menschen in der EU durch sprachliche und kulturelle Verbundenheit mit der Heimatregion eingeschränkt. Zudem hat die gesamtwirtschaftliche Entwicklung in den einzelnen Mitgliedstaaten weder einen Nachfragesog nach ausländischen Arbeitskräften bewirkt noch einen Druck zur Auswanderung erzeugt. Die Menschen in den mittel- und osteuropäischen Ländern haben möglicherweise eine hohe Wanderungsbereitschaft. Das Wohlstandsgefälle ist enorm, viele mögen hoffen, in den hochentwickelten Ländern der Gemeinschaft bessere Erwerbschancen als zu Hause zu haben. Die Erfahrungen im Verhältnis Deutschland/Polen aus der Zeit um die Jahrhundertwende geben vielleicht eine Vorstellung davon, worauf man sich einstellen muß.
Im Falle einer Mitgliedschaft werden die mittel- und osteuropäischen Staaten den Außenschutz der EU-Grenzen garantieren müssen. Welche Probleme hier entstehen können, wird am Beispiel des Gründungsmitglieds Italien deutlich. Italien gewährte Wirtschaftsflüchtlingen eine Frist von 14 Tagen zum Verlassen des Landes. Kritiker sagten: Die Flüchtlinge werden auf diese Weise faktisch in andere EU-Mitgliedstaaten, vornehmlich nach Deutschland durchgewunken.
Beide Aspekte, die Freizügigkeit von Arbeitnehmern

und die Sicherheit der EU-Außengrenzen, werden für die Akzeptanz der Osterweiterung in den alten Mitgliedstaaten ausschlaggebende Bedeutung haben.
Die Institutionen der Europäischen Union waren auf die ursprüngliche Sechsergemeinschaft zugeschnitten. Strukturbestimmend waren weniger das Streben nach durchgängiger demokratischer Legitimation von unten nach oben, wie es dem Muster klassischer Nationalstaaten entspricht. Das Institutionengerüst der Gemeinschaft zielt vor allem darauf ab, gemeinschaftliches Interesse und nationale Interessen auszubalancieren. Mit einer Aufnahme von elf Kandidaten würde aus der geplanten Fünfzehnergemeinschaft eine Gemeinschaft von 26 Mitgliedstaaten. Die Anzahl der Menschen wird nahezu auf eine halbe Milliarde anwachsen. Die Arbeitsfähigkeit der Europäischen Organe und die gesamte Handlungsfähigkeit der Europäischen Union stehen dann einer sehr großen Herausforderung gegenüber.
Auch im wirtschaftlichen Bereich wird eine solche Erweiterung zunächst große Probleme mit sich bringen, denn der Anpassungsprozeß im Hinblick auf Bruttoinlandsprodukt oder Inflationsraten schreitet sehr langsam voran. Die Studie weist darauf hin, daß es unstrittig sei, daß die Beseitigung von Hindernissen für die freie Bewegung von Gütern und Produktionsfaktoren handelsschaffende und wohlfahrtssteigernde Wirkungen hat. Schon der Handel selbst verheißt Vorteile, nicht zuletzt aber die mit ihm einhergehende verbesserte Arbeitsteilung. Entsprechendes gilt für die Freiheit des Kapitalverkehrs, für die Freizügigkeit der Arbeitskräfte und für die Dienstleistungs- und Niederlassungsfreiheit. Jedoch ist folgendes zu bedenken:

- Bezüglich der Osterweiterung kann eine solche Vorteilsrechnung nur eine langfristige Perspektive sein. Der westeuropäische Steuerzahler wird zunächst Milliarden an Transfers aufzubringen haben.

- Vorausgesetzt ist weiter, daß bei einer Osterweiterung ordnungspolitische Defekte der Europäischen Union, wie zum Beispiel die europäischen Agrarmarktordnungen, nicht einfach auf die Beitrittsstaaten ausgedehnt werden und in ihrem Wirkungsumfang dann auch noch zunehmen.
- Der Strukturwandel wird sich bei einer Öffnung der Märkte nach Osten beschleunigen. Das bringt Vorteile, aber auch Probleme. Schutzmaßnahmen, wie sie in den gegenwärtigen sogenannten Europaverträgen mit den Beitrittskandidaten noch vorhanden sind, werden zu einem späteren Zeitpunkt entfallen.

Zwei weitere Vorbehalte sind ebenso zu berücksichtigen:

1. Ein Gewinn an Einfluß in den Bereichen Sicherheitspolitik, Außenhandelspolitik und Umweltpolitik ist allenfalls auf lange Sicht zu erwarten.
2. Voraussetzung dafür ist eine Lösung der institutionellen Probleme innerhalb der Union. Sonst wird die Osterweiterung die Handlungsfähigkeit der Gemeinschaft eher beeinträchtigen.

Insgesamt wird die Dauer der Verhandlungsprozesse für schwer prognostizierbar gehalten. Bei den genannten Ländern Polen, Tschechien, Estland, Ungarn und Slowenien sowie Zypern ist von einem geplanten Abschluß im Jahr 2002 die Rede. Wer an eine Erweiterung um insgesamt elf Mitgliedstaaten denkt, muß wohl frühestens das Jahr 2010 als realistisch ansehen. Die Übergangsfristen in Einzelbereichen würden dann noch weit darüber hinaus reichen.
Gerade eine der Grundfreiheiten, die von Anfang an zur Europäischen Gemeinschaft gehört haben, die Freizügigkeit der Arbeitnehmer nämlich, bereitet vielen Bundesbürgern große Sorgen, wenn sie an das Projekt Osterweiterung denken. Das ist verständlich, wenn man heute die

Situation einiger Großstädte betrachtet, wo die Kriminalität nach Öffnung der Ostgrenzen wesentlich anstieg. Dazu kommen Sorgen um den Arbeitsplatz, Wohnraumprobleme und die Frage, wie eine soziale Integration stattfinden kann.
Die vorläufig enormen Unterschiede bei der Wirtschaftskraft der alten und der eventuell neuen Mitgliedsländer können zu großen Wanderungsbewegungen führen. Dies würde in den Hauptwanderungsländern als wesentliche Bedrohung der Erwerbs- und Einkommenschancen erlebt. Nur mit ganz ungewöhnlich langen Übergangsfristen bis zur vollen Freizügigkeit kann man diesen Sorgen begegnen.

10. Positive bzw. negative Auswirkungen der Europäischen Währungsunion in den nächsten Jahren

Trotz der gewaltigen Informationsflut, die in den letzten Monaten über die Bundesbürger hereingebrochen ist, gibt es immer noch Befürchtungen, durch den Euro werde das vorhandene Vermögen halbiert. Das Gespenst einer »Währungsreform« geistert noch in so manchen Köpfen herum. Es gibt nach wie vor Euro-Gegner, die den Bürgern weismachen wollen, die deutsche Mark werde geopfert und die Deutschen stünden auf der Verliererseite.
Angst und Panikmache sind die schlechtesten Ratgeber, viel wichtiger ist eine sachliche und informative Darstellung der Chancen, aber auch möglicher Risiken, die der Euro in den nächsten Jahren mit sich bringen kann. Sicher ist auch den Befürwortern des Euro klargeworden, daß mit der Europäischen Währungsunion die in den einzelnen Ländern vorhandenen Probleme nicht auf einen Schlag gelöst werden können, doch sollte man jetzt mit Hoffnung und Zuversicht auf die weitere Entwicklung

schauen und sowohl positive wie auch denkbare negative Auswirkungen des Euro ins Auge fassen.

Euro-Chancen

1. Export-Vorteile

Über 50 Prozent der deutschen Exporte gehen in die Länder der Europäischen Union. Länder wie Frankreich, die Benelux-Staaten oder Italien sind unsere wichtigsten Handelspartner, weit vor den USA oder anderen ausländischen Staaten. Fast ebenso groß ist der Anteil der Importwaren, die wir aus diesen Ländern beziehen. Damit hängt etwa jeder vierte Arbeitsplatz vom Export ab. Zur Festigung des Wirtschaftsstandorts Deutschlands und zur Verteidigung der Position als Export-Europa-Meister sind wir in der Bundesrepublik stark auf offene Märkte und berechenbare Währungsrelationen angewiesen.

Die Unternehmen werden vom Euro profitieren. Kostenersparnisse, mehr Wettbewerb und Stabilität: Deutschland wird mit den anderen Ländern der Wirtschafts- und Währungsunion einen neuen Wachstumschub erleben. Die Unternehmen können ihre Investitionen besser kalkulieren, auch der Handel wird vereinfacht. Das bringt der Exportnation Deutschland weitere Zuwachsraten.

Der Euro ermöglicht es den Unternehmen, ihre Aktivitäten innerhalb Europas besser zu planen und ihre Produktivitätsvorteile besser zu nutzen. Helmut Kohl sagte in diesem Zusammenhang zu Recht: »Wir brauchen Europa, weil wir die großen Aufgaben in der Wirtschaftspolitik nicht im nationalen Alleingang lösen können. Mit der gemeinsamen europäischen Währung schaffen wir die Voraussetzung dafür, daß Europa als Gemeinschaft für Stabilität und Wohlstand weiter zusammenwächst.«

2. Der Euro als Globalisierungseffekt

Money makes the world go round – und das in immer schnellerem Tempo. Die europäische Währungsunion ist eine strategische Antwort auf die weltweiten Globalisierungstendenzen. Die gemeinsame Währung ist die strategische Antwort Europas auf das Entstehen neuer dynamischer Wachstumszentren in Asien und Osteuropa. Wenn Europa im Wettbewerb mit diesen Zentren auf dem Weltmarkt konkurrenzfähig bleiben will, dann muß es sich weiterentwickeln. Wir Europäer können es uns nicht leisten, im 21. Jahrhundert dem schärfer werdenden internationalen Wettbewerbsdruck mit nationalen Währungen zu begegnen. Mit der gemeinsamen Währung wird sich das Gewicht Europas im Vergleich zu den USA und Japan erhöhen. Die Weltwirtschaft wächst immer schneller zusammen, die internationalen Finanzmärkte kennen keine Grenzen mehr, die Abhängigkeiten untereinander nehmen zu. Immer mehr Anleger agieren auf den internationalen Devisen- und Wertpapiermärkten und der Dreheffekt wird immer schneller. Regierungen und Notenbanken verlieren zusehends die Kontrolle über das Wirtschaftsgeschehen. Die Märkte geben die Richtung vor, die Notenbanken können oft genug nur noch reagieren, wenn, wie in Asien oder Rußland, Wirtschaftskrisen die Welt erschüttern und die Aktienkurse weltweit betroffen sind.

Mit dem Euro erhält die europäische Wirtschaft eine stärkere Stellung im internationalen Handel. Das heißt, europäische Unternehmen werden künftig weitaus häufiger ihre internationalen Geschäfte und Rohstoffkäufe in Euro tätigen können. Damit verringert sich die Abhängigkeit vom US-Dollar. Der Euro wird neben dem Dollar eine Währung mit Weltgeltung. Der Einfluß des Yen dürfte angesichts der japanischen Wirtschaftskrise eher an Bedeutung verlieren. Die hinter dem Euro stehende gebündelte Wirtschaftskraft der Europäischen Union ist gemessen am Bruttoinlandsprodukt größer als die der USA. Der Standort Europa wird über das Jahr 2000 hinaus an internationaler Attraktivität gewinnen.

Der Euro hat aus deutscher Sicht den Vorteil, daß die

Bürde der Reservewährung neben dem Dollar auf den breiteren Schultern eines gemeinsamen Finanzmarktes verteilt wird. Das vergrößert die Chancen für mehr Stabilität der Finanz- und Devisenmärkte.

3. Wirtschaftlicher Innovationsschub durch den Euro
Die Gewinner des Euro sind die exportintensiven Unternehmen. Sie werden enorme Kostenersparnisse verzeichnen können, mehr Wettbewerb und Stabilität beflügelt die Innovationskraft der Unternehmer und der international tätigen Unternehmen. Investitionen können besser kalkuliert werden, der Handel wird vereinfacht. Das bringt weitere Zuwachsraten, insbesondere für die Exportnation Deutschland. Auch der gemeinsame Finanzmarkt bietet wesentlich breitere Anlage- und Finanzierungsmöglichkeiten als die früher zersplitterten nationalen Währungsmärkte. Der Luxus von 15 unterschiedlichen Währungen im Binnenmarkt verteuerte den Waren- und Dienstleistungsverkehr und hemmte grenzüberschreitende Investitionen. Erst die Verflechtungen zwischen Binnenmarkt und gemeinsamer Währung sorgt für die volle Entfaltung europäischer Wirtschaftskraft. Der Wettbewerb zwischen Banken und Versicherungen hat sich bereits verschärft, diese Tendenz wird weitergehen zugunsten von Verbrauchern und Kapitalanlegern. Attraktive Anlage- und Finanzierungsmöglichkeiten werden die Folge sein. Vorreiter in diesem Bereich waren die Direktbanken und Discountbroker, die mit ihrer Gebührenpolitik die etablierten Banken unter Druck setzen. Die höhere Planungssicherheit schafft ein investitionsfreundliches Klima, und damit steigt die Hoffnung auf mehr Arbeitsplätze.

4. Preisdruck durch den Euro
Der Wettbewerb innerhalb Europas wird auch den Verbrauchern zugute kommen. Mehr Transparenz und mehr Vergleichsmöglichkeiten bei europäischen Produkten

werden den Käufern mehr Geld in Form von Euros und Cents im Portemonnaie lassen. Der Preisdruck für die Hersteller und Verkäufer wird zunehmen, insgesamt wird damit gerechnet, daß europäische Produkte durch den Euro günstiger werden, weil daneben auch die Kosten für Devisengeschäfte und die Kurssicherung innerhalb des neuen Währungsgebietes entfallen. Ein deutscher Unternehmer, der früher Waren nach Italien verkauft hat, war den oft recht kräftigen Kursschwankungen der Lira ausgeliefert. Eine Absicherung an den Terminmärkten war mit entsprechenden Risikoprämien verbunden. Nach Berechnungen der Europäischen Union beliefen sich die Transaktionskosten Jahr für Jahr auf rund 40 bis 45 Milliarden Mark. Ein recht großes Sparpotential für die kommenden Jahre.

Die Daimler-Benz AG, bei der der Euro bereits seit 1. Januar 1999 als Hauswährung eingeführt ist, stellt den einmaligen Umstellungskosten von rund 200 Millionen D-Mark jährliche Einsparungen bei den Transaktions- und Hedgingkosten in Höhe von 100 Millionen D-Mark gegenüber. Damit rechnet sich die Euro-Einführung bereits nach kurzer Zeit. Ähnliche Einsparungen in dieser Größenordnung werden auch von anderen international tätigen Konzernen veröffentlicht.

Auch die Urlauber profitieren vom Euro: zum einen über die Preise, zum anderen durch die Ersparnis der Umtauschkosten. Auch wenn dieses Argument nicht unbedingt das wichtigste für eine gemeinsame Währung ist, so hilft der Euro den reisefreudigen Deutschen dennoch, so manche Mark zu sparen, die dann in anderer Weise der Reisekasse zufließt und im europäischen Ausland in zusätzlicher Urlaubsfreude investiert wird.

Geld sparen beim Neuwagenkauf! Eine Branche, bei der der Verbraucher in den kommenden Jahren besonders viel Geld durch Preisvergleiche sparen kann, ist die Automobilbranche. Die Automobilkonzerne rechnen damit, daß die durch den Euro ausgelöste Preistransparenz deut-

lich mehr Wettbewerbs- und Preisdruck verursacht. Nach einer Erhebung der EU ist der Autokauf besonders günstig in den Niederlanden. Für 34 der gängigsten Modelle werden dort die niedrigsten Preise verlangt. Bei 14 Modellen sind Spanien und Portugal am preiswertesten.
Neben den allgemeinen Marktbedingungen sind diese Preisunterschiede auch auf unterschiedliche Steuervorschriften zurückzuführen. Die Niederlande erheben beim Autokauf eine spezielle Steuer, die Unionsbürger aus anderen Mitgliedstaaten nicht entrichten müssen, wenn sie ihren Wagen zur direkten Wiederausfuhr erwerben. In Ländern, die derartige Steuern erheben, sind die Autopreise in der Regel niedriger, weil Hersteller diese Abgaben bei der Preisgestaltung berücksichtigen. Nach einem Bericht der EU-Kommission liegt die Differenz für die 74 meistverkauften Modelle noch immer bei bis zu 40 Prozent, in Einzelfällen sogar darüber. Die geplanten Änderungen werden sich zugunsten der Käufer bemerkbar machen.

5. Stabilität als wichtigstes Ziel der Europäischen Zentralbank

Der Maastrichter Vertrag hat dem Europäischen System der Zentralbanken (ESZB) strenge Richtlinien vorgegeben. Vorrangiges Ziel ist die Erhaltung der Preisstabilität. Um diesen Auftrag auch in Konfliktsituationen mit anderen wirtschaftspolitischen Zielsetzungen erfüllen zu können, erhielt er in den Statuten ein hohes Maß an Unabhängigkeit. Frankfurt am Main als Sitz der Europäischen Zentralbank steht als Kristallisationspunkt für die Ausweitung der Stabilitätskultur. Markenzeichen dieser Kultur ist der gesellschaftliche Konsens über den hohen Stellenwert für stabiles Geld. Mit Wim Duisenberg wird ein international anerkannter Währungsexperte der erste Präsident der EZB sein, der seine Stabilitätsorientierung als Präsident der Niederländischen Zentralbank unter Beweis gestellt hat. Wie das Endziel Preisstabilität erreicht werden soll, läßt der Vertrag von Maastricht offen. Diese Frage ist komplex, da Notenbanken nicht in der Lage sind, die Inflationsrate unmittelbar zu beeinflussen. In der Vergangenheit wurde zeitweise versucht, Arbeitslosigkeit mit hoher Inflation zu bekämpfen. Das alte Rezept, in einer Konjunkturflaute der Wirtschaft mit einer inflationstreibenden Geldspritze auf die Beine helfen zu wollen, hat heute in keinem europäischen Land mehr Wirkung. Denn Arbeitslosigkeit hat immer weniger konjunkturelle und immer mehr strukturelle Ursachen. Eine dieser Ursachen ist die bereits angesprochene Globalisierung der Weltwirtschaft.

Maastricht hat diese Einsicht gefördert, und es bleibt zu hoffen, daß die Einsicht anhält, daß die Staatsverschuldung zurückgeführt werden muß. Immer mehr Europäern wird klar: In Zeiten struktureller Arbeitslosigkeit versagen die alten Rezepte, mit Schuldenmachen neue Jobs zu schaffen. Stabiles Geld und geordnete Staatsfinanzen sind auf Dauer die beste Grundlage, Arbeitslosigkeit zu bekämpfen.

6. Frieden stiften und Zukunft sichern

»Die Währungsunion ist die Fortsetzung der Friedenspolitik mit anderen Mitteln«, sagte der luxemburgische Regierungschef Juncker. Eine gemeinsame Währung wird die Europäer einander noch näher bringen, angesichts der schwelenden Konflikte auf unserem Kontinent eine ganz wichtige Aufgabe. Die feste Einbindung in die Europäische Union liegt im ureigenen Interesse Deutschlands, um das vereinigte Deutschland in eine Zukunft der guten Nachbarschaft und der europäischen Stabilität zu führen.

Die Angst vor den Risiken der Währungsumstellung ist zunächst verständlich, doch sie muß im Interesse der Zukunftsfähigkeit Deutschlands überwunden werden. Wer im 21. Jahrhundert stabiles Geld will, muß heute veränderungsbereit und innovationsfähig sein.

Euro-Risiken

1. Anhaltendes Nationaldenken

Der etwas mißglückte Start der Währungsunion hat gezeigt, daß es auch in Zukunft Situationen geben wird, bei denen durchaus nationale Interessen eines Teilnehmerlandes den europäischen Interessen vorangestellt werden. Es wird etliche Marathon-Sitzungen und sehr viel Verhandlungsbereitschaft erfordern, die Interessen der einzelnen Teilnehmerstaaten dem gemeinsamen europäischen Gedanken unterzuordnen. Insbesondere dann, wenn die konjunkturelle Entwicklung einzelner Länder weit voneinander abweichen sollte, dürfte es von seiten der Europäischen Zentralbank, aber auch von seiten der anderen Teilnehmer sehr viel Überzeugungskraft kosten, globale Entscheidungen zu rechtfertigen und durchzusetzen.

2. Einhaltung der Stabilitätskriterien

Noch ist nicht geklärt, was passieren wird, wenn ein Land nach dem Eintritt in die EWU seine Staatsverschuldung auf Kosten der anderen Länder in die Höhe treibt, um beispielsweise einer maroden Konjunktur wieder auf die Beine zu helfen. Da alle in einem Boot sitzen, werden die anderen Länder davon ebenso betroffen sein. Zwar soll dann der Stabilitätspakt für Disziplinierungsmaßnahmen sorgen, doch ob diese letztendlich eingesetzt bzw. durchgesetzt werden können, steht noch in den Sternen. Da die Gemeinschaft nicht für die Verbindlichkeiten der Mitgliedstaaten haftet (*no bail out*), würden Marktkräfte einen heilsamen Zwang ausüben. Wie die praktische Durchführung aber tatsächlich wirkt, läßt sich erst nachprüfen, wenn eine solche Maßnahme einmal praktiziert wurde.

3. Abwertungsmöglichkeiten entfallen

Ein möglicher Vorteil für die Bundesrepublik – mögliche Nachteile für Länder, die bisher eine schwache Währung

hatten. In der Vergangenheit litt die D-Mark unter ständigen Aufwertungen gegenüber anderen europäischen Ländern. Währungen wie die Lira, die spanische Peseta, aber auch das britische Pfund wurden gegenüber der D-Mark in den vergangenen Jahren und Jahrzehnten immer billiger. Diese Länder konnten aufgrund ihrer Abwertungen gegenüber der D-Mark ihre Waren verbilligen und so günstiger exportieren. Besonders den deutschen exportorientierten Unternehmen wird die Währungsunion wesentliche Vorteile bringen. Sie hatten in der Vergangenheit schwer an der Last einer real überbewerteten D-Mark zu kämpfen. Denn im Gegensatz zu früher stand in den letzten Jahren den Aufwertungen der deutsche Valuta keine deutlich höhere Inflation im europäischen Ausland mehr gegenüber. Daher brachten durch die Finanzmärkte herbeigeführte reale Aufwertungen der D-Mark der deutschen Wirtschaft erhebliche Probleme und kosteten letztlich Arbeitsplätze. Eine gemeinsame europäische Währung verringert solche wechselkursbedingten Wettbewerbsverzerrungen deutlich und fördert damit die internationale Konkurrenzfähigkeit der deutschen Exportunternehmen.
Wie die anderen europäischen Länder mit dieser neuen Situation fertig werden, muß die Zukunft zeigen. Die Angst der Deutschen, daß diese wirtschaftlich schwächeren Länder in Zukunft bei konjunkturellen Rückschlägen eventuell um finanzielle Hilfe in Brüssel bitten, ist nicht ganz unbegründet. Auch die Frage möglicher Transfer-Leistungen dürfte in solchen Fällen zukünftig noch einige Verhandlungen erforderlich machen.

4. Probleme und Kosten bei der Umstellung

Die Währungsumstellung verursacht hohe Kosten bei Banken, Unternehmen und Behörden. Nicht alle betroffenen Institutionen können diese Kosten durch Einsparungen kompensieren oder sie direkt an den Verbraucher weitergeben. Mittelständische Betriebe und Einzel-

unternehmen beklagen sich über anstehende Kosten ebenso wie die Automatenindustrie, die noch im unklaren darüber ist, in welchem Zeitrahmen die endgültige Umstellung vorgenommen werden muß.
Eine längere Parallelphase der beiden Währungen, wie im Zeitplan vorgesehen vom 1. Januar 2002 bis zum 31. Juni 2002, würde im Handel wie bei den Automaten einen sehr hohen Aufwand in der Kassenhaltung oder in der technischen Abwicklung erfordern. Möglicherweise werden dann die Kosten doch in offenen oder versteckten Preis- bzw. Gebührenanhebungen an Verbraucher und Sparer weitergegeben.

11. Was geschieht mit den Wechselkursen der europäischen Länder, die nicht von Anfang an dabei sind?

Mit der Einführung des Euro in elf der 15 Unionsländer ergibt sich für die Währungspolitik in Europa eine grundlegend neue Situation. Während die überwiegende Zahl der Mitgliedstaaten ihre geldpolitische Souveränität an die Europäische Zentralbank abtritt, werden Dänemark, Griechenland, Großbritannien und Schweden bis auf weiteres eine eigenständige Geld- und Währungspolitik betreiben. Gleichwohl besteht für diese Mitgliedstaaten nach Artikel 109 m EG-Vertrag die Verpflichtung, ihre Wechselkurspolitik als eine Angelegenheit von gemeinsamem Interesse zu behandeln.
Durch die Anbindung der Währungen der Mitgliedstaaten, die dem Euro-Währungsgebiet zunächst fernbleiben (die sog. *Pre-ins*), an den Euro ergeben sich für diese Länder starke Anreize zur stabilitätsorientierten Ausrichtung ihrer Wirtschafts- und Währungspolitik. Dies ist besonders wichtig für diejenigen Unionsländer, die dem Euro-Währungsgebiet in absehbarer Zeit beitreten wollen, bisher aber, wie z. B. Griechenland den im EG-Ver-

trag gewünschten Grad wirtschaftlicher Konvergenz nicht erreicht haben.
Gleichzeitig dürfte das neue Referenzsystem denkbaren spekulativ verursachten Wechselkursschwankungen, die aufgrund der volkswirtschaftlichen Fundamentaldaten nicht gerechtfertigt sind, nachhaltig entgegenwirken. Auf diese Weise können in der Vergangenheit wiederholt aufgetretene innergemeinschaftliche Devisenmarktturbulenzen, die mit signifikanten Verzerrungen verbunden waren und die das gute Funktionieren des Binnenmarktes störten, weitgehend vermieden werden.
Analog zur bisherigen Praxis im EWS ist den »Pre-ins« die aktive Teilnahme am neuen Wechselkursmechanismus grundsätzlich freigestellt. Länder, die sich nicht von Anfang an beteiligen, können dies zu einem späteren Zeitpunkt tun. Der Europäische Rat hat allerdings zum Ausdruck gebracht, daß von den Ländern, für die eine Ausnahmeregelung gilt, erwartet wird, daß sie sich dem Wechselkursmechanismus II (WKM II) anschließen. Die Teilnahme ist für diejenigen Unionsländer obligatorisch, die die Einführung des Euro in absehbarer Zeit anstreben, da sie gemäß Artikel 109 j EG-Vertrag das Konvergenzkriterium einer mindestens zweijährigen abwertungsfreien Mitgliedschaft im Wechselkursmechanismus mit »normaler« Bandbreite erfüllen müssen.
Dänemark und Griechenland werden auf eigenen Wunsch am neuen Wechselkursmechanismus ab 1. Januar 1999 teilnehmen. Während die griechische Drachme am WKM II mit einer Schwankungsbreite von ± 15 Prozent um ihren Leitkurs zum Euro teilnehmen wird, ist für Dänemark eine Bandbreite von ± 2 1/4 Prozent ins Auge gefaßt. Die grundsätzlich automatische und betragsmäßig unlimitierte Verpflichtung zu kursstützenden Interventionen bei Erreichen der Bandbreitengrenzen kann jedoch ausgesetzt werden, wenn Gefahr besteht, daß dadurch das Ziel der Preisstabilität gefährdet sein könnte.
Zudem haben alle an Leitkursbeschlüssen beteiligten

Parteien das Recht, ein vertrauliches Verfahren zur Überprüfung der Leitkurse einzuleiten, damit erforderliche Kursanpassungen rechtzeitig vorgenommen werden können. Darüber hinaus besteht die Möglichkeit, unterschiedliche Konvergenzfortschritte der »Pre-ins« zu berücksichtigen. Mitgliedstaaten, die sich der wirtschaftlichen Entwicklung im Euro-Währungsgebiet in starkem Maße angenähert haben, können mit der EZB in einem vorgegebenen Verfahren eine engere als die im Notenbankabkommen vorgesehene Standardbandbreite für ihre Währungen vereinbaren.

Im Gegensatz zum bestehenden EWS, das in Form eines Paritätengitters für alle teilnehmenden Währungen wechselseitige Leit- und Interventionskurse vorsieht, ist dem Euro im neuen Wechselkursmechanismus ausdrücklich die Rolle der Ankerwährung zugewiesen. Leit- und Interventionskurse sind ausschließlich gegenüber dem Euro definiert, weshalb das neue System als »Nabe- und Speichen-Ansatz« bezeichnet wird. Um den Leitkurs für die Währung jedes »Pre-in-Landes« gegenüber dem Euro wird eine Standardbandbreite für Wechselkursschwankungen von ± 15 Prozent festgelegt. Die Festlegung der Interventionskurse erfolgt im Fall der Standardbandbreite durch einfache Addition bzw. Subtraktion der 15-Prozent-Marge zu beziehungsweise von den bilateralen Leitkursen und anschließende Rundung auf sechs signifikante Stellen.

Die Leit- und Grenzkurse werden bezogen auf einen Euro notiert und den Märkten bekanntgegeben.

Die Beschlüsse über die Leitkurse und die Standardbandbreite werden gemäß der Entschließung des Europäischen Rates im Rahmen eines gemeinsamen Verfahrens getroffen. Die Minister und Notenbankpräsidenten der nicht am Wechselkursmechanismus teilnehmenden »Pre-in«-Mitgliedstaaten sind zwar beteiligt, haben aber kein Stimmrecht.

Wie werden Interventionen und Leitkursanpassungen vorgenommen?

Interventionen werden bei Erreichen des oberen bzw. unteren Interventionspunktes von den betroffenen Zentralbanken grundsätzlich automatisch durchgeführt. Für den Euro-Raum werden diese Operationen im Normalfall von den »Pre-in«-Zentralbanken ausgeführt. Die Initiative geht in jedem Fall von den Marktteilnehmern aus, die ihrer Zentralbank, bei der sie ein Konto unterhalten müssen, die schwache Währung zum Grenzkurs anbieten bzw. die starke Devise zum Interventionskurs nachfragen. Solche Interventionen sind jedoch nur zur Unterstützung anderer politischer Maßnahmen gedacht. Im Vordergrund der Kursstabilisierung steht eine stabilitätsorientierte Geld- und Fiskalpolitik. Dabei soll insbesondere das Zinsinstrument flexibel eingesetzt werden, um die Wechselkurse zu stabilisieren. Die beteiligten Zentralbanken können die Intervention einstellen, wenn das übergreifende Ziel der Preisstabilität gefährdet scheint.

Auch innerhalb der Schwankungsbreite der Wechselkurse können sog. intramarginale Stützungsoperationen entweder einseitig oder auch durch koordiniertes Handeln zwischen der EZB und den beteiligten »Pre-in«-Zentralbanken erfolgen. Auf diese Weise kann in Einzelfällen fundamental unbegründeten Entwicklungen auf dem Devisenmarkt gegebenenfalls rechtzeitig begegnet werden. Bei Verschiebung der fundamentalen Wirtschaftsdaten zwischen den Teilnehmern sollen die Leitkurse rascher als bisher an die neuen ökonomischen Gegebenheiten angepaßt werden.

Die Funktionsweise des neuen Wechselkursmechanismus wird vom Erweiterten Rat der Europäischen Zentralbank überwacht. Die Einführung des dargestellten neuen Wechselkursmechanismus ab 1. Januar 1999 fügt dem europäischen Integrationsprozeß einen weiteren stabilitätspolitischen Stützpfeiler hinzu, dessen Nutzen vor allem in der Unterstützung der Konvergenzbemühungen derjenigen Unionsländer liegt, die mittelfristig dem Euro-Währungsgebiet beitreten möchten. Aber auch mit Blick auf die zu erwartende Erweiterung der Europäischen Union um eine Reihe von mittel- und osteuropäischen Staaten dürfte das neue Wechselkurssystem von Bedeutung sein. Nach erfolgtem EU-Beitritt werden diese Länder grundsätzlich die Möglichkeit haben, durch die Teilnahme am Wechselkursmechanismus ihre Währungen am Euro auszurichten. Es wird sich zeigen, wie rasch die einzelnen Staaten ihre Wirtschafts- und Währungspolitik an die Verhältnisse im Euro-Währungsraum anpassen können, um so auch die Voraussetzungen für die spätere Übernahme des Euro zu erfüllen.

12. Wie werden die nationalen Notenbankgewinne zukünftig verteilt?

Mit der Einführung des Euro beginnt eine neue Ära in der Geschichte der Europäischen Union, die zu Wohlfahrtsgewinnen führen kann. Für einige Staaten wird die Währungsunion aber auch einen bitteren Beigeschmack haben. Der Grund dafür liegt in der milliardenschweren Umverteilung der Geldschöpfungsgewinne, die die Notenbanken erzielen. Bei dieser Umverteilung werden insbesondere Deutschland, Österreich, die Niederlande und Spanien die Verlierer sein. Diese Meinung vertreten Hans W. Sinn und Holger Feist in ihrem in der Welt erschienenen Beitrag.
Jede Notenbank hat das Recht, Geld zu schöpfen, indem sie neue Banknoten drucken läßt und sie an den privaten Sektor weitergibt. Die Kreditinstitute wiederum zahlen für die neuen Banknoten mit verzinslichen Wertpapieren. Während der Druck der Banknoten nur vernachlässigbare Kosten verursacht, bringen die Wertpapiere lau-

fende Zinseinnahmen, so daß den Notenbanken ein Gewinn entsteht.
Mit der Schaffung der EZB wird dieser Geldschöpfungsgewinn, den bisher jeder Staat für sich vereinnahmen konnte, vergemeinschaftet. Der Vertrag über die Europäische Union sieht vor, daß die nationalen Notenbanken in Zukunft ihre Zinserträge auf das Vermögen, das der Euro-Geldbasis gegenübersteht, an die Gemeinschaft der Notenbanken abtreten. Wenngleich das Vermögen selbst in nationalem Eigentum verbleibt, bedeutet die dauerhafte Abtretung seiner Erträge ökonomisch dasselbe wie die Abtretung des Vermögens selbst. Ein Vermögen von nicht weniger als 860 Mrd. D-Mark wird auf diese Weise von allen EU-Mitgliedstaaten eingesammelt. Diesem Beitrag stehen natürlich auch Leistungen gegenüber. Denn der Geldschöpfungsgewinn verschwindet ja nicht einfach, sondern wird lediglich anders verteilt. Die Verteilung an die nationalen Notenbanken richtet sich nach den Eigenkapitaleinschüssen, die die nationalen Notenbanken der EZB zur Verfügung stellen. Welche nationale Notenbank wieviel Kapital einbringen darf, ist streng geregelt. Der Kapitalanteil eines Landes entspricht seinem Anteil an Bevölkerung und Bruttoinlandsprodukt (BIP) der Teilnehmerstaaten. Die Verteilung der Geldschöpfungsgewinne wiederum erfolgt nach dem Kapitalanteil, also nach eben diesem Schlüssel.
Ob ein Land nun davon profitiert, hängt davon ab, welcher der beiden Schlüssel größer ist: Der für die Einzahlungen an die EZB maßgebliche Anteil eines Landes am Geldschöpfungsgewinn der Teilnehmerstaaten oder der für die Auszahlungen von der EZB maßgebliche Kapitalanteil. Deutschland wird nach Berechnungen der Autoren gut 32 Prozent an Geldschöpfungsvermögen einbringen. Auf der anderen Seite hält Deutschland aber nur einen Anteil von knapp 25 Prozent am Kapital der Europäischen Zentralbank. Die Differenz zwischen den beiden Schlüsseln beträgt rund siebeneinhalb Prozentpunkte.

Daraus ergibt sich ein Verlust für die Bundesrepublik von insgesamt 64 Mrd. D-Mark. Deutschland zählt damit zu den Verlierern aus der Umverteilung der Geldschöpfungsgewinne. Bei dem Verlust geht es nicht um Jahresbeträge, sondern es handelt sich um den Wert des Wertpapierportefeuilles der Bundesbank, dessen Erträge nach Ablauf einer anfänglichen Übergangsphase netto verlorengehen. Die 64 Mrd. D-Mark sind der einmalige Vermögensverlust durch die Umstellungsaktion. Deutschland ist aber nicht der einzige Verlierer. Spanien, die Niederlande und Österreich werden ebenfalls Netto-Vermögenswerte im Umfang von 26 Mrd. D-Mark, 5,4 Mrd. D-Mark und 5,3 Mrd. D-Mark abgeben müssen. Ganz anders stellt sich die Situation für Frankreich oder Großbritannien dar, die die Hauptgewinner der Währungsunion wären. Ihr Anteil an der verzinsten Geldbasis ist mit zwölf bzw. elf Prozent klein im Vergleich zu ihrem Kapitalschlüssel an der EZB, der 17 bzw. 15 Prozent beträgt. Dadurch wird Frankreich Vermögenswerte im Wert von 39 Mrd. und Großbritannien bei einer Teilnahme Vermögenswerte im Wert von 29 Mrd. D-Mark erhalten.
Für die ungleichgewichtige Umverteilung gibt es verschiedene Ursachen, die der Natur der Sache gemäß alle damit zu tun haben, daß die Menge des verzinsten Basisgeldes niedrig oder hoch ist im Verhältnis zur Einwohnerzahl oder dem BIP.
Aus deutscher Sicht schmerzt besonders, daß aufgrund dieser Tatsache auch der internationale Erfolg einer Währung bestraft wird. Mit dem Umtausch aller umlaufenden D-Mark-Bestände in Euro muß die Bundesbank Wertpapiere benennen, deren Erträge an die Gemeinschaft der Teilnehmerländer abgetreten werden. Die weltweite Reputation einer Währung erweist sich durch die Wahl dieses Verteilungsschlüssels also als Nachteil.
Was die genannten Zahlen zur Höhe der Umverteilung betrifft, so geben diese nur jenen Verlust wieder, der sich aus der Vergemeinschaftung der Erträge des historisch

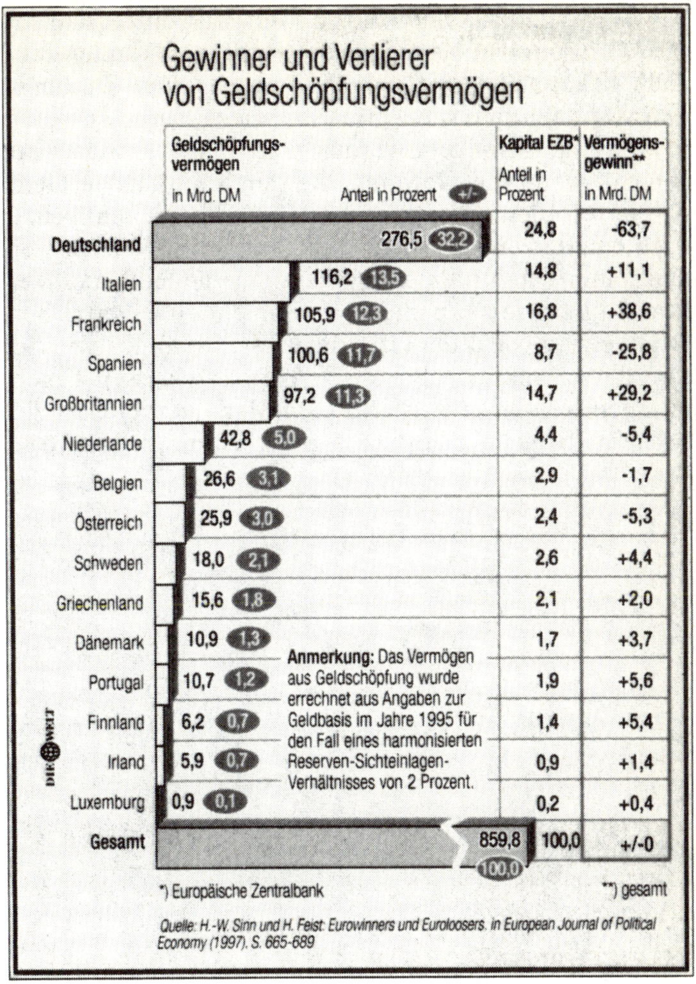

Abb. 9 (Quelle: Die Welt v. 24. 3. 1998)

bereits akkumulierten Wertpapierbestandes der Bundesbank ergibt. Verluste, die aufgrund einer Umverteilung der Erträge aus der zukünftigen Geldschöpfung der EZB entstehen, werden nicht berücksichtigt.

Als Grund dafür nennen die Autoren zum einen, daß solche Verluste nicht genau berechnet werden können, weil nicht bekannt ist, wie sich die europäischen Zahlungsgewohnheiten und die Attraktivität des Euro als Reservewährung entwickeln werden. Zum anderen ist es nur gerecht, wenn die Gewinne, die durch die eigene Geldschöpfung der Europäischen Zentralbank entstehen, nach den derzeitigen Eigenkapitalschlüsseln verteilt werden sollten. Man sollte sich also hüten, die Höhe der Verluste durch rein spekulative Zahlen zu übertreiben. Andererseits wird darauf hingewiesen, daß ein von der Dresdner Bank errechnetes Szenario, als dessen Ergebnis Deutschland nur 25 Mrd. D-Mark verliert, an der Sache vorbeigehe, da es nur den Verlust für fünf Jahre erfasse.

II. Fragen von Bürgern und Verbrauchern

1. Werden die Preise wegen des Euro steigen?

Viele Bundesbürger befürchten, die Umrechnung von D-Mark in Euro könnte von vielen Verkäufern in Handel und Industrie für schleichende Preiserhöhungen genutzt werden. Über Nacht wird sicher niemand in der Lage sein, sich mit den neuen Preisen vertraut zu machen. Verbraucherverbände weisen darauf hin, daß die Umstellung für jeden Haushalt eine enorme Umwälzung bedeutet und viele beim Einkauf zunächst einmal überfordert sein könnten.
Tatsächlich wird es einige Zeit dauern, bis die Verbraucher nicht nur in Euro rechnen, sondern auch in Euro denken. Vertraute Wertmaßstäbe geraten zunächst ins Wanken, eine mögliche Verunsicherung von Verbrauchern und Haushalten, die nicht mehr mit den gewohnten Preisen rechnen und kalkulieren können, wird in der Anfangsphase zum Alltag werden.
Das gesamte Preisgefüge wird durch die Umstellung ins Wanken geraten. Es gibt keinen einfachen Umrechnungskurs eins zu eins oder eins zu zwei, sondern eine »krumme« Zahl, die aufgrund des Umrechnungskurses als Basis festgelegt wurde.
Vor allem im Einzelhandel sind wir daran gewohnt, daß viele Preise auf 0,99 oder 0,98 enden. In der Untersuchung »Die Preispolitik im Einzelhandel nach der Währungsumstellung auf den Euro« gelangen die Autoren Prof. Müller-Hagedorn und Stephan Zielke zu dem

Schluß, daß Händler Preise bevorzugen, von denen sie im Hinblick auf die Absatzziele psychologisch positive Effekte erwarten.
Bei der Untersuchung von über 8000 Auszeichnungen in Supermärkten und SB-Warenhäusern fanden die Forscher deshalb einen Großteil von denkbaren Preisen nur einmal oder gar nicht. Andere Preise kamen sehr häufig vor. Diese sog. »dominanten« Preise endeten zum Großteil auf die Endziffer »9«, nur wenige Preise auf die Ziffern »3« und »7«. Die größte Wirkung auf den Verkauf ihrer Produkte versprechen sich die Händler demnach, wenn sie den runden Preis um einen Pfennig oder eine Mark unterschreiten. In der Studie heißt es: »Es wird vermutet, daß gebrochene Preise, welche knapp unterhalb runder Preise gesetzt werden, von den Konsumenten als besonders günstig bewertet werden.«
Der Kunde bekommt das Gefühl, etwas gespart zu haben. Wenn diese Vermutung zutrifft, ließe sich durch gebrochene Preise gegenüber knapp darüber liegenden Preisen mit einer relativ geringen Preisreduktion ein vergleichsweise hoher Absatz erzielen.
Bei der Umsetzung dieser allen Verbrauchern geläufigen Erkenntnis könnte der Handel jetzt Schwierigkeiten bekommen, denn nach der Umrechnung ergibt sich für viele bisher attraktive Preise eine Umrechnung zu einem »krummen« Euro-Preis. Nicht nur die Verbraucher hegen den Verdacht, auch Experten teilen die Meinung, daß der Handel auch bei Euro-Preisen nicht auf die gewohnte Preisoptik verzichten will und deshalb vor der Frage steht: Auf einige Prozent verzichten und auf die gewohnten dominanten Preise von 0,99 Cent oder 199,– Euro zurückgreifen oder auf den nächsthöheren Preis zusteuern? Bereits im Vorfeld der Umstellung haben Branchen dieses Problem erkannt und einige Produkte gezielt auf einen Endpreis von z. B. 199,– Euro hin kalkuliert.
Die Autoren der Studie halten es für durchaus denkbar,

daß der Handel angesichts der Umstellungskosten, die nach Einführung des Euro anfallen, eine leichte Anhebung des Preisniveaus anstrebt. Immerhin muß die Branche nach Schätzung des Deutschen Einzelhandels bei der Währungsumstellung an einem Stichtag etwa eine Mrd. D-Mark, bei Umstellung während einer Übergangsfrist von sechs Monaten mit doppelter Auszeichnung 30 Mrd. D-Mark aufwenden. Wenn der Einzelhandel bei der Umstellung der Preise Abrundungen konsequent ausschließt, wird sein Preisniveau folglich steigen und die Kosten können so überwälzt werden. Bei dieser Vorgehensweise geben die Autoren jedoch zu bedenken: »So attraktiv die Aufrundung für den Handel zunächst sein mag, so einseitig ist eine Fokussierung auf die lediglich kurzfristig anfallenden Umstellungskosten.« Denn mittelfristig eröffneten sich vor allem für auf europäischen Märkten agierende Unternehmen Kostensenkungspotentiale, beispielsweise durch den Wegfall von Wechselkursrisiken. Zudem könnten mittelständische Unternehmen, die aufgrund hoher Transaktionskosten den Auftritt auf internationalen Märkten bisher gescheut hätten, in Zukunft kostengünstiger auf europäischen Beschaffungs- und Absatzmärkten agieren. Das eröffnet Spielraum für Preisreduzierungen.
Die Diskussion über dieses Thema in Verbindung mit der Verpflichtung einer doppelten Preisauszeichnung wird noch anhalten. Die rechtliche Verpflichtung zu einer doppelten Preisauszeichnung in der Übergangszeit vom 1. Januar 1999 bis 31. Dezember 2001 oder in der Parallelwährungsphase vom 1. Januar 2002 bis 30. Juni 2002 wird vom Handel als ernsthafte Bedrohung angesehen. Eine mögliche Preiserhöhung dürfte vor dem Hintergrund erhöhter Preistransparenz auf dem Markt schwer durchzusetzen sein.
Für den Verbraucher heißt dies in der Anfangszeit: Noch genauer Preisvergleiche durchführen, mit dem Taschenrechner in der Hand einkaufen gehen und noch gezielter

die Waren auf Qualitätsunterschiede untersuchen. Das Preisniveau wird zu Beginn der Währungsunion noch recht unterschiedlich sein. Eine Angleichung der nationalen Preisniveaus steht noch aus.
Einer der Gründe für die Preisdifferenzen in den Teilnehmerländern ist die unterschiedliche Besteuerung. So hat z. B. Dänemark, das sicherlich bald zu den Teilnehmern gehören wird, einen Spitzensteuersatz von 25 Prozent in der Mehrwertsteuer und erhebt sehr hohe Verbrauchssteuern auf Öl, Tabak und Alkohol. Für unterschiedliche Preise sind auch die Herstellungskosten, bedingt durch unterschiedliche Lohn- und Lohnzusatzkosten, verantwortlich. Vor allem aber passen die Hersteller ihre Preise den von Land zu Land divergierenden Einkommensniveaus an, damit sich die Konsumenten in den entsprechenden Ländern ihre Produkte überhaupt leisten können.
Basis für eine von Land zu Land unterschiedliche Preispolitik dürfte auch die unterschiedliche Wertschätzung von Produkten sein. Auf regionalen Märkten werden bestimmte Marken bevorzugt, dieses Phänomen der differenzierten Preissetzung ist bei Markenartikeln besonders auffällig.
An folgenden Beispielen läßt sich dies erkennen:
In Deutschland, das innerhalb der EWWU zu den teureren Ländern gehört, kostet Nivea Gesichtscreme 10,59 D-Mark; in Frankreich ist sie für umgerechnet 5,77 D-Mark zu haben. Ein 400-Gramm-Glas Nutella ist laut Vergleich der Bayerischen Landesbank in Großbritannien mit 4,68 D-Mark um etwa die Hälfte teurer als hierzulande, während Kinderwindeln der Marke Pampers auf der Insel durchschnittlich etwa 16,88 D-Mark, in Deutschland dagegen 24,98 D-Mark kosten.
Absolutes Niedrigpreisland ist die Bundesrepublik bei einem Produkt: Nirgendwo in der EU ist Bier so billig wie bei uns. Der Bierpreis liegt runde 22 Prozent unter dem Durchschnitt, dafür sind Autos und Pharmapro-

dukte sehr viel teurer als in vielen anderen EU-Staaten.
Bereits bei einem Preisunterschied von fünf Prozent, so meint der Markenverband in Wiesbaden, sei es für Handel und Verbraucher lohnenswert, im Ausland einzukaufen. Dieser Aspekt ist um so interessanter, als sich die Internationalisierung der Handelskonzerne und damit auch die internationale Beschaffung derzeit beschleunigt. Bisher wurden diese Preisunterschiede trotz Deregulierung und Harmonisierung des Binnenmarktes für den Verbraucher nur schwer sichtbar, da durch die Vielfalt der Wechselkurse die notwendige Transparenz gefehlt hat. Das wird sich mit der Einführung der Euro-Münzen und Euro-Banknoten ab 2002 jedoch drastisch ändern. Die Folge könnte ein lebhafter Arbitragehandel, d. h. eine Ausnutzung von Preis- oder Kursunterschieden für das gleiche Handelsobjekt durch Importe in höherpreisige Märkte, insbesondere bei langlebigen Konsumgütern sein.
Für die deutschen Konsumenten wird die Einführung des Euro vermutlich eine Veränderung des Preisniveaus nach sich ziehen. Zu erwarten ist:

1. Ein steigender Preisdruck auf die Hersteller, da der Preis bei Konsumgütern ein wichtiger Wettbewerbsfaktor ist.
2. Wachsender Konkurrenzdruck aus den Nicht-EU-Ländern, weil die Region nach dem Wegfall der verschiedenen Währungen attraktiver wird.
3. Ein Trend zu niedrigeren Preisen in Deutschland, das bisher zu den teuersten EU-Ländern gehört.

Unterschiedliches Preisniveau in den Euro-Staaten

Wie günstig oder teuer ist das Leben in anderen Euro-Staaten im Vergleich mit Deutschland? (Index, Deutschland = 100)

Finnland	112,6
Österreich	111,2
Frankreich	100,4
Belgien	100,4
Deutschland	**100**
Portugal	99,1
Niederlande	91,9
Luxemburg	91,7
Irland	91,3
Italien	91,3
Spanien	88,7

(Quelle: Bayerische Landesbank)

Finnland teuer, Spanien billig

Preise

Rauf oder runter?

Wie durch den Euro die Preise steigen können, wenn die Händler nicht einfach umrechnen, sondern auf- oder abrunden

	Markt-Preis	Euro-Preis umgerechnet*	Euro-Preis gerundet	Veränderung in Prozent
Fruchtjoghurt	0,49	0,25	0,29	+16,0
Tafel Schokolade	0,99	0,51	0,49	-3,9
Milch, 1 Liter	1,49	0,76	0,79	+4,0
Butter, 250 g	2,19	1,12	1,09	-2,7
Bohnenkaffe, 500g	8,99	4,61	4,99	+8,2
Kinokarte	12,00	6,15	6,00	-2,4
Waschmittel, 1,5kg	13,99	7,17	6,99	-2,5
Compact Disc	32,90	16,87	16,90	+0,2
Buch	49,00	25,13	25,00	-0,5
Hemd	89,00	45,64	49,00	+7,4
Kleid	199,00	102,05	99,00	-3,0
Videorecorder	699,00	358,46	359,00	+0,2
Flugticket	999,00	512,31	555,00	+8,3

Abb. 10

2. Kann der Euro Arbeitsplätze schaffen?

Der Euro ist kein Allheilmittel gegen strukturelle Krisen oder nationale Probleme. Er ist weder Jobmaschine noch automatisches Beschäftigungsprogramm. Wenn die Politiker nicht die erforderlichen Rahmenbedingungen schaffen, kann der Euro allein anstehende Reformen nicht beschleunigen oder gar Lösungen aufzeigen. Die anfangs von einigen Politikern gemachten Versprechungen, der Euro werde Arbeitsplätze schaffen und vorhandene Arbeitsplätze sichern, wurden stillschweigend wieder zurückgenommen oder haben der Realität Platz gemacht. Zweifelsohne wird der in Gang gekommene Wirtschaftsaufschwung durch den Euro unterstützt und angeschoben, doch die Hoffnung nur auf den Euro zu stützen wäre falsch.

Die wesentlichen Argumente für diese Annahme liefert die Tatsache, daß Deutschland als Exportland vom Euro besonders profitieren kann. Jeder dritte Arbeitsplatz in der Bundesrepublik hängt vom Export ab, in manchen Bundesländern sind sogar 40 Prozent bis 50 Prozent der Arbeitsplätze eng mit den Exporterfolgen verbunden. Besonders in den Branchen Automobilindustrie, Maschinenbau und Chemieindustrie sind Exporte die Antriebsfeder für den Aufschwung.

In der Vergangenheit hatten die deutschen Exporteure immer wieder mit Billigprodukten aus anderen europäischen Ländern zu kämpfen, die durch eine Abwertung der einheimischen Währung verbilligt wurden. Nur Qualität und Produktivität konnten den deutschen Wettbewerbsvorsprung sichern. Möglicherweise können nun diese bereits dargestellten Vorteile einer Einheitswährung den deutschen Exporteuren helfen, die Konkurrenz unter Druck zu setzen. Dies kann aber auch ein zweischneidiges Schwert sein.

Zum einen waren die Kursschwankungen mit wichtigen Handelspartnern wie Frankreich, Niederlande und

Österreich schon in der Vergangenheit recht stabil, so daß der Euro sich hier kaum auswirken dürfte. Zum anderen, und da sind sich die Wirtschaftsexperten einig, heißt mehr Beschäftigung in Europa nicht automatisch auch mehr Arbeitsplätze in Deutschland. Ohne Währungsrisiko könnten Großunternehmen weitere Produktionen ins billige europäische Ausland wie z. B. Portugal oder Spanien, später eventuell auch nach Griechenland verlagern. Denn die Stundenlöhne in diesen Ländern werden sich nicht so schnell den bundesdeutschen Spitzenlöhnen angleichen. Die Hoffnung, allein durch den Euro die Arbeitslosigkeit in Deutschland abbauen zu können, ist daher nur sehr gering. Jetzt sind zunächst einmal die Politiker an der Reihe, die mit Hilfe anstehender Steuer- und Strukturreformen die Basis für einen weiteren Aufschwung festigen müssen, dann kann der Euro das Seine dazu beitragen, daß bei besseren Investitionsbedingungen in Deutschland auch wieder mehr Arbeitsplätze geschaffen werden.

3. Welchen Einfluß hat der Euro auf Löhne und Gehälter?

Mit dem Euro sind viele Hoffnungen verbunden. Neben dem Rückgang der Arbeitslosigkeit, auf den viele hoffen, stellt sich auf der anderen Seite auch die Frage, ob in Zukunft Löhne und Gehälter noch in gewohnter Weise steigen können oder ob möglicherweise die Konkurrenz der »Billiglohnländer« auch in Deutschland zu einem auf Lohnanpassungen zielenden Druck führen wird.
Sowohl positive wie negative Auswirkungen des Euro auf den Arbeitsmarkt werden auch die zukünftige Lohnpolitik bestimmen.
Der Euro vereinfacht den Vergleich von Arbeitskosten und Löhnen in den Teilnehmerstaaten. Dadurch werden die hohen Löhne und Lohnnebenkosten transparenter

als bisher. Das kann möglicherweise den Arbeitsmarkt belasten, weil Firmen stärker dazu tendieren könnten, bei hohen Lohnforderungen ihre Produktionen im kostengünstigeren Euro-Land aufzubauen. Dem steht aber gegenüber, daß die Lohn- und Investitionskosten bisher nicht allein den Ausschlag für Investitionsentscheidungen im In- oder Ausland gegeben haben.
Standortfaktoren wie Marktnähe, eine vorhandene Infrastruktur, das Vorhandensein qualifizierter Mitarbeiter, Produktivität oder Streikbereitschaft sind genauso wichtige Faktoren.
Durch den Euro allein ändern sich diese Wettbewerbsfaktoren nicht. Schon mancher deutsche Unternehmer ist im Ausland gescheitert, weil entweder mangelnde Qualität oder schlechte Produktivität den Lohnkostenvorteil auffraßen.
Die deutschen Unternehmen können durch den Euro mehr als andere europäische Länder profitieren, ihre Marktanteile im Euro-Raum steigern, die Produktion ausweiten und damit ihre Gewinne sichern und die Basis für eine Beteiligung der Mitarbeiter in Form von steigenden Löhnen schaffen. Der harte Wettbewerb der Vergangenheit, ausgelöst durch die harte D-Mark und die Abwertungen benachbarter Länder, haben deutschen Unternehmen einen Erfahrungsvorsprung eingebracht, der ihnen zukünftig zugute kommen wird. Entscheidende Impulse bei den Löhnen und Gehältern müssen auch von einer grundlegenden Steuer- und Sozialreform ausgehen, die Lohnnebenkosten senkt, die Arbeit billiger macht und sowohl Kaufkraft als auch Konsum stärkt bzw. fördert.
Noch sind die Stundenlöhne in Deutschland etwa fünfmal so hoch wie in Portugal. Es ist kaum zu befürchten, daß die Deutschen sich mit dem portugiesischen Niveau begnügen müssen oder die portugiesischen Arbeiter den fünffachen Lohn fordern. Dennoch muß die Gefahr gesehen werden, daß der Zuzug ausländischer Arbeiter bei-

spielsweise in der Bauindustrie anhalten, die Jobs deutscher Facharbeiter gefährden und den Lohndruck für die deutschen Beschäftigen aufrechterhalten wird. Die Forderung der Gewerkschaften nach europäischen Mindeststandards ist daher gerechtfertigt. Deutsche Unternehmen werden weiter die Möglichkeit prüfen, Betriebe nach Südeuropa zu verlagern oder den deutschen Beschäftigten Zugeständnisse wie etwa Lohnverzicht abzuringen.
Volkswirtschaftler weisen darauf hin, daß sich die Löhne an der Produktivität orientieren müssen. Das bedeutet, daß hochqualifizierte Arbeitnehmer weniger Angst vor sinkenden Löhnen haben müssen als geringer qualifizierte, die auf dem Arbeitsmarkt der Zukunft noch weniger Chancen als bisher haben werden.

Löhne im europäischen Vergleich

Das kostete eine Stunde Arbeit in der verarbeitenden Industrie (in Mark 1996)

Deutschland (West)	47,28
Belgien	39,08
Dänemark	38,76
Österreich	38,19
Schweden	37,35
Finnland	37,33
Niederlande	35,70
Luxemburg	34,49
Deutschland (Ost)	31,89
Frankreich	30,82
Italien	27,92
Spanien	24,04
Großbritannien	22,68
Irland	22,40
Griechenland	14,10
Portugal	9,84

(Quelle: IW)

4. Wie wirkt sich der Euro auf die deutsche Landwirtschaft aus?

Die deutschen Landwirte gehören zu den größten Befürwortern des Euro. Das hat einen guten Grund. Sie erwarten eine wesentliche Stärkung des Agrarstandortes Deutschland. Der Bauernverband geht davon aus, daß die Währungsunion besonders den deutschen Landwirten Vorteile bringen wird.

Bisher litt dieser Berufsstand unter einem besonderen, währungspolitisch bedingten Handicap, das die Strukturprobleme der deutschen Bauern wesentlich verschärft hat. Während etwa Anfang der 90er Jahre die Bauern in Schwachwährungsländern wie Italien wechselkursbedingte Preiserhöhungen verbuchen konnten, mußten die deutschen Landwirte bei den vielfachen Aufwertungen der Mark nicht nur Wettbewerbsverzerrungen, sondern auch ständige Einkommensverluste hinnehmen.

In keinem anderen Wirtschaftsbereich ist der gemeinsame europäische Markt so weit entwickelt wie in der Landwirtschaft. Die wichtigen Referenzpreise und Beihilfen wurden in der europäischen Währungseinheit (bisher ECU) festgesetzt und sind damit europaweit gleich. Doch ausgezahlt wurden Stützungskäufe und Beihilfen in den nationalen Währungen. Auf- und Abwertungen der Vergangenheit hatten damit erhebliche Verzerrungen zur Folge. Wurde etwa bei einem Kurs von zwei D-Mark je ECU die Mark um zehn Prozent aufgewertet, erhielt der deutsche Bauer bei einem Preis von 200 ECU je Tonne Weizen statt 400 nur noch 360 Mark. Um derartige Sprünge zu vermeiden, gelten im Agrarbereich bei großen Wechselkursschwankungen zunächst die alten Wechselkurse weiter und werden nur schrittweise angepaßt. Bauern in Hartwährungsländern erhalten einen Währungsausgleich, der durch Ausgleichsabgaben finanziert wird, die beim Import von Agrarprodukten aus Abwertungsländern erhoben werden. Vom gemeinsamen Agrarmarkt blieb damit bisher bei Wechselkursschwankungen nicht viel. Das wird sich in Zukunft ändern und kommt der deutschen Landwirtschaft zugute.

5. Erhalten noch andere Länder außer den Teilnehmerstaaten den Euro?

Die Währungsunion startete mit elf Teilnehmern, bei denen seit dem 1. Januar 1999 der Euro offizielles Zahlungsmittel ist, auch wenn auf Münzen und Scheine noch gewartet werden muß. Möglicherweise ist vielen die Tatsache unbekannt, daß auch 15 sogenannte Entwicklungsländer in Afrika mit von der Partie sind.
Die Währungen dieser fast ausnahmslos ehemaligen französischen Kolonien in West- und Zentralafrika sowie auf den Komoren sind seit den 40er Jahren an den französischen Franc gekoppelt. Zur Euro-Familie stoßen die afrikanischen Länder sozusagen durch die Hintertür, im Gefolge der französischen Kolonialmacht. Ob das in diesen Ländern ohne Probleme abläuft, muß sich erst noch zeigen, denn sie haben mit den Maastrichter Vereinbarungen nicht direkt zu tun, sind sozusagen koloniales Anhängsel, das jetzt vor vollendete Tatsachen gestellt wird. Der Franc-CFA, wie er auf dem afrikanischen Festland heißt, und der Komoren-Franc sorgen für Unbehagen bei den EU-Partnern, die einen Präzedenzfall für Euro-Unterwährungen fürchten.
Die Pariser Regierung steht auf dem Standpunkt, daß der CFA auch nach dem Start des Euro eine rein französische Angelegenheit bleibt. Denn nicht etwa die Französische Zentralbank, sondern das Finanzministerium steht alljährlich für die Leistungsbilanzdefizite der CFA-Länder gerade. Die Staatshaushalte bleiben laut EU-Vertrag aber auch in der Währungsunion ausdrücklich in nationaler Verantwortung. Der Wechselkurs des CFA wird in Anlehnung an den französischen Franc festgelegt. Ein

französischer Franc entspricht 100 Franc CFA. CFA steht dabei für Communauté Financière Africaine (Französische Finanzgemeinschaft). Unterschieden wird zwischen der westafrikanischen Wirtschafts- und Währungsunion mit Benin, Burkina-Faso, der Elfenbeinküste, Mali, Niger, Senegal, Togo und Guinea-Bissau sowie der Gemeinschaft Zentralafrikanischer Staaten mit Kamerun, Zentralafrikanischer Republik, Kongo-Brazzaville, Gabun, Äquatorial-Guinea und Tschad. Die Komoren nehmen eine Sonderstellung ein.

6. Müssen wir wegen des Euro mit einer Mehrwertsteuererhöhung rechnen?

Als vor der letzten Bundestagswahl die damalige Familienministerin Nolte im Rahmen des Wahlkampfes versehentlich von einer Mehrwertsteuererhöhung nach der Wahl sprach, wurde sie kurz entschlossen zurückgepfiffen und mußte diesen »Versprecher« am nächsten Tag korrigieren. Genutzt hat es der Partei nichts. Auch der jetzige Bundeskanzler Schröder hat vor der Wahl das Wort »Mehrwertsteuererhöhung« vermieden, aber stets darauf hingewiesen, daß dies nicht zu erwarten sei. Vergleicht man die Mehrwertsteuersätze der EU-Teilnehmer, besteht jedoch Grund zu der Annahme, daß im Zuge einer »Harmonisierung« für Deutschland die Mehrwertsteuer nur nach oben harmonisiert werden kann – schließlich haben wir im europäischen Vergleich mit 16 Prozent den zweitniedrigsten Satz, während in Dänemark und Schweden die Sätze bei 25 Prozent liegen. Zwar zählen diese beiden Länder noch nicht zum Teilnehmerkreis, sie werden aber im Laufe der nächsten Jahre sicherlich dazustoßen. Um innerhalb des europäischen Wettbewerbs einigermaßen ausgeglichene Voraussetzungen zu schaffen, wird man im Bereich der Mehrwertsteuer eine Anpassung suchen, die irgendwo im Mittelfeld anzusiedeln ist. Davon auszugehen, daß es bei 16 Prozent Mehrwertsteuer bleibt, ist illusorisch und sollte unter die Kategorie »Wahlversprechen« eingeordnet werden.

Unterschiedliche Steuersätze (Normalsatz) in den EU-Staaten (in Prozent)

Luxemburg	15
Deutschland	16
Spanien	16
Portugal	17
Großbritannien	17,5
Niederlande	17,5
Griechenland	18
Italien	20
Österreich	20
Frankreich	20,6
Belgien	21
Irland	21
Finnland	22
Dänemark	25
Schweden	25

7. Welche Branchen haben Vorteile durch den Euro?

Von der Einführung des Euro ist die Wirtschaft mit unterschiedlicher Intensität betroffen. Bereits kurzfristig dürften aufgrund von Umstellungserfordernissen Auswirkungen auf Branchen wie z. B. die Softwarehersteller, Automatenindustrie, Papierindustrie, Druckindustrie, Einzelhandel und Tourismusindustrie zu verzeichnen sein.
Eher mittel- bis langfristig sind andere Wirtschaftszweige tangiert, hier ist zwischen Branchen mit hohem Auslandsanteil (z. B. Straßenfahrzeugbau, chemische Indu-

strie, Elektrotechnik oder Maschinenbau) und zinssensitiven Branchen (z. B. Bauindustrie, Kreditbranche) zu differenzieren. Dagegen sind Wirtschaftsbereiche mit hohem Inlandsanteil (z. B. Kunststoffverarbeitung, Ernährungsgewerbe) weniger und erst später betroffen. Die Unternehmen aller Branchen sind von der Einführung des Euro aber grundsätzlich in den Funktionen des Zahlungsverkehrs, des Finanzmanagements, der Technik und der EDV betroffen.
Die Kosten der Umstellung treffen die Branchen unterschiedlich hart. So zählen die Banken und Versicherungen, gemessen an den Umstellungserfordernissen, zu den Hauptbetroffenen der Euro-Einführung. Die gesamten Umstellungskosten allein der Banken in allen EU-Ländern werden von der Europäischen Bankenvereinigung auf etwa acht bis zehn Mrd. Euro oder auf bis zu zwei Prozent der laufenden Kosten pro Jahr – bezogen auf einen Umstellungszeitraum von drei bis vier Jahren – veranschlagt. In der Gesamtwirtschaft dürften dic Umstellungskosten je Unternehmen nach Angaben deutscher Unternehmensverbände im Durchschnitt etwa zwei Prozent der Betriebsaufwendungen betragen. Von allen Unternehmen werden diejenigen am meisten betroffen sein, die in besonders engem Kontakt mit den Endverbrauchern stehen.
Zu den Profiteuren zählen auf jeden Fall die Software-Hersteller wie beispielsweise SAP. Erforderlich ist die Umstellung bestehender EDV-Anwendungen auf die neuen Anforderungen z. B. im Zahlungsverkehr, im Rechnungswesen, in der Kostenkalkulation sowie in der Personalwirtschaft. Dazu kommt hier die Umstellung der elektronischen Datumsanzeige im Jahr 2000, die sowohl für interne wie für externe Softwarehersteller ein Zusatzgeschäft bedeutet.
Weniger glücklich über die Umstellung ist die Automatenindustrie. In der EU sind derzeit etwa 70 Mrd. Münzen und knapp 13 Mrd. Geldscheine in Umlauf. Zur Zeit

sind etwa 3,2 Mio. münzbetriebene Automaten aller Art in Deutschland in Betrieb. Priorität für die Automatenwirtschaft hat eine möglichst frühzeitige Spezifizierung der Währung, da ansonsten die Umstellungskosten steigen. Wegen der Vielzahl der umzurüstenden Automaten können Engpässe nicht ausgeschlossen werden. Für die Umrüstung der Automaten in Deutschland sind laut Verband der Deutschen Automatenindustrie Investitionen in Höhe von etwa 0,6 Mrd. D-Mark erforderlich.

Die zunehmende Globalisierung der Märkte erfordert es, daß Europa jede Chance wahrnimmt, um langfristig im weltweiten Wettbewerb um ökonomische Führungspositionen zu bestehen. Dieser wird sich in den großen Wirtschaftsräumen Asiens, der USA und Europa weiter verschärfen. Neue Konkurrenten aus der südostasiatischen Wachstumsregion sind auf dem Vormarsch. Ein großer einheitlicher Wirtschafts- und Währungsraum in Europa eröffnet den unterschiedlichen Branchen zusätzliche Wachstums-, Markt- und Beschäftigungschancen und stärkt damit die europäische Position im globalen Wettbewerb.

Innerhalb Europas wird der Wettbewerb ebenfalls intensiver werden, dafür sorgt die Transparenz der Märkte ebenso wie möglicher Preisdruck von innen und außen. Ein wesentlicher direkter Effekt ist es, daß für die im europäischen Markt tätigen Unternehmen die Kursrisiken bzw. Kurssicherungskosten entfallen. Davon profitieren die exportintensiven Branchen weitaus mehr als mittlere oder kleine Unternehmen, die ihren Schwerpunkt im Inlandsgeschäft haben.

Doch auch sie werden Vorteile spüren, denn die Last der langjährig anhaltenden Überbewertung der D-Mark kommt allen Betrieben und Branchen zugute. Eine gemeinsame europäische Währung verringert die wechselkursbedingten Wettbewerbsverzerrungen deutlich und fördert damit die internationale Konkurrenzfähigkeit der deutschen Exportunternehmen.

Fast 60 Prozent der deutschen Ausfuhren gehen in die EU, der größte Teil davon in das Euro-Land. Für diese Exporte entfällt die Wechselkurs-Sicherung. Traditionell stark waren in der Vergangenheit die Branchen Automobilindustrie, Chemie, Maschinenbau und Elektrotechnik im Export vertreten. Sie werden deshalb zuerst zu den Gewinnern des Euro gehören. Doch wird es auch hier Unterschiede geben. Der Automobilbau wird möglicherweise stärker unter dem harten Wettbewerb leiden als der deutsche Maschinenbau. Preise für Kraftfahrzeuge lassen sich einfacher vergleichen als technologische Spezialanfertigungen des Maschinenbaus. Schwieriger wird der Wettbewerb auch in der pharmazeutischen Industrie, wo die transparenten Preise sicherlich den Verbrauchern zugute kommen.
Mögliche Wettbewerbsprobleme werden dazu führen, daß es zu weiteren Fusionen kommt, um beispielsweise im Bereich der Forschung oder Neuentwicklung die hohen Kosten noch tragen zu können. Daß dabei auch weiterhin Arbeitsplätze verlorengehen ist sicher.
In ihrem Euro-Spezial »Branchen« zieht die Deutsche Bank folgendes Fazit: Zu den kurzfristig Hauptbetroffenen der Währungsumstellung zählen die Banken. Sie haben vor allem die wichtige Aufgabe der Information und Beratung von Wirtschaft und Gesellschaft. Auch auf die Automatenhersteller und den Einzelhandel kommen zunächst einmal erhebliche Kosten hinzu.
Es wäre jedoch voreilig, Banken, Automatenhersteller und Einzelhandel als Verlierer der EWU zu bezeichnen. Den Kosten und Risiken stehen nämlich auch Chancen gegenüber, die sich aufgrund der EWU-bedingten Wachstumsimpulse im Binnenmarkt ergeben. Die durch die Währungsumstellung bedingte Mehrnachfrage nach Papier- und Druckerzeugnissen dürfte diese Branchen zwar temporär begünstigen, der Aufbau zusätzlicher Kapazitäten allein aus Umstellungsgründen wäre aber sicherlich eine Überreaktion.

Den Softwareherstellern wird die Währungsumstellung wahrscheinlich ein uneingeschränkt günstiges Zusatzgeschäft ermöglichen. In Anbetracht der Umstellungserfordernisse sind in der Tourismusbranche die Reisebüros und Hotels besonders gefordert.

Mittel- und langfristig werden die Wirtschaftsbranchen mit unterschiedlicher Intensität betroffen: Auf mittlere Sicht verbessern sich durch den Konvergenzdruck auf wichtige Wettbewerbsländer und die Bildung des gemeinsamen Währungsraums die Wettbewerbschancen bei den auslandsorientierten Branchen deutlich. Völlig anders stellt sich die Situation bei den inlandsorientierten Branchen wie Kunststoffverarbeitung und Ernährungsindustrie dar. Aufgrund der geringen Verflechtung mit dem Ausland sind bei diesen Wirtschaftszweigen nur vergleichsweise geringe Auswirkungen zu erwarten. Für die zinssensitiven Branchen wie die Bauwirtschaft sind die Erwartungen hinsichtlich der künftigen Stabilität der neuen Währung von großer Bedeutung.

Die Attraktivität des Produktionsstandorts Deutschland dürfte sich tendenziell erhöhen.

Europa im Blick

Wohin die deutschen Exporte gehen

Land/Region	Anteil am Export[1]
Frankreich	10,6
Italien	7,4
Niederlande	7,0
Belgien/Luxemburg	5,8
Österreich	5,2
Spanien	3,7
Portugal	1,1
Finnland	0,9
Irland	0,5
Euro-Länder gesamt	42,2
Großbritannien	8,5
Schweden	2,3
Dänemark	1,8
Griechenland	0,7
EU-Länder gesamt	55,5
Schweiz	4,5
Osteuropäische Reformstaaten	10,2
Sonstige europäische Staaten	2,6
Europa gesamt	72,8
USA	8,6
Japan	2,3
Andere außereuropäische Industrieländer	1,5
OPEC-Länder	2,3
Südostasiatische Schwellenländer[2]	5,5
China	1,2
Sonstige Entwicklungsländer	5,6

1) in Prozent; 2) Brunei, Hongkong, Indonesien, Malysia, Philippinen, Singapur, Südkorea, Taiwan und Thailand;
Angaben für 1997;
Quelle: Statistisches Bundesamt/Bundesbank

Abb. 11

(Quelle: Stat. Bundesamt/ Bundesbank)

Insgesamt ist die Einführung des Euro als logische Ergänzung des europäischen Binnenmarktes dank der vielen Vorteile für die beteiligten Länder und Unternehmen zu begrüßen, ermöglicht die neue Währung doch z. B. die Ersparnis von Transaktionskosten in Höhe von etwa 40 Mrd. D-Mark pro Jahr. Hinzu kommen die steigende Kalkulationssicherheit, mehr Transparenz, weniger Absicherungsgeschäfte und der endgültige Wegfall wiederkehrender, schockartiger Aufwertungen gegenüber den teilnehmenden Währungen.
Die Auswirkungen des Euro auf die deutschen Wirtschaftszweige dürften per saldo somit ausgesprochen positiv ausfallen.

8. Umstellungsprobleme verschiedener Branchen: Müssen die Kosten der Umstellung von den Verbrauchern getragen werden?

Die Befürchtungen von Verbrauchern und Anlegern sind groß. Sie glauben, daß ein wesentlicher Teil der Umstellungskosten, die insgesamt eine dreistellige Milliardenhöhe erreichen, von ihnen getragen werden muß. Völlig von der Hand zu weisen sind diese Annahmen nicht, denn die Kosten, die von Banken und Unternehmen im Vorfeld investiert wurden, müssen in irgendeiner Weise getragen oder umgewälzt werden – soweit der Wettbewerb und rechtliche Rahmenbedingungen dies zulassen. So ist beispielsweise im Einzelhandel die doppelte Preisauszeichnung ab 1999 heftig umstritten. Nach Schätzungen der Verbände kostet sie allein in Deutschland die Ladenbesitzer zwischen sieben und 30 Mrd. D-Mark. Auch die Automatenindustrie sieht der Umstellung mit gemischten Gefühlen entgegen. Hersteller und Betreiber der Millionen Münzautomaten müssen laut Aussagen ihres Verbandes Extrakosten von etwa einer Milliarde D-Mark verkraften. Pro Zigarettenautomat oder Flipper

oder Fahrscheingerät kostet die Umrüstung zwischen 70 und 1500 D-Mark. Die vom Einzelhandel gewünschte Euro-Einführung auf einen Schlag, den sog. Big Bang, sieht diese Branche als undurchführbar an. Bis zur Einführung des Euro-Bargeldes werde nach Ansicht des Verbandes auch das Plastikgeld in Form der wiederaufladbaren Geldkarte noch nicht so weit verbreitet sein, daß es die Münzen fast ganz ersetzen könne.
Während in anderen Ländern wie z. B. Österreich gesetzlich verbindliche Normen festgelegt werden, setzt man in der Bundesrepublik auf die freiwillige Selbstverpflichtung der Unternehmer. Von seiten der Verbraucherschützer wird lediglich gefordert, daß in der Zeit vom 1. Januar 2002 bis 30. Juni 2002 auf allen Verpackungen und Regalen der alte D-Mark-Preis und der neue Euro-Preis ausgezeichnet werden. Doch so lange wird sich der Handel damit nicht Zeit lassen. Von großen Kaufhäusern und Einzelhandelsketten ist bewußt geplant, möglichst bald nach Beginn 1999 den Verbraucher mit der doppelten Preisauszeichnung bekannt zu machen.
Der Zentralverband Gewerblicher Verbundgruppen (ZGV) weist seine Mitglieder darauf hin, daß der Kunde zwar erst ab Anfang 2002 über Euro-Bargeld verfügen wird. Deshalb können sich die Händler nicht bereits zu Beginn des Jahres 1999 von der D-Mark-Abrechnung verabschieden. Andererseits kann davon ausgegangen werden, daß gerade viele Industrieunternehmen auf den Euro als Hauswährung umstellen. Von der Lieferantenseite wird der Einzelhandel demnach sehr früh mit der neuen Währung konfrontiert werden, auch wenn die Abrechnungen nicht zwingend in Euro ausgestellt sein werden. Daß die Banken von Anfang an bereits zweigleisig fahren, ist für den Handel sehr hilfreich. In der Übergangszeit ist die Kontoführung wahlweise in D-Mark oder Euro möglich. Für den Fall, daß ein Betrieb Rechnungen sowohl in Euro als auch in D-Mark erhält, empfiehlt der ZGV, Euroverbindlichkeiten in Eurobuchgeld

und D-Mark-Rechnungsbeträge in D-Mark zu überweisen.
In welcher Währung das Geschäftskonto geführt werden soll, entscheidet jeder Bankkunde selbst. Dabei gilt in der Praxis folgendes:

1. Der Bankkunde erteilt den Überweisungsauftrag in D-Mark oder Euro.
2. Die Bank belastet den Kunden in der von ihm gewünschten Währung.
3. Auch bei Gutschriften gilt diese Regelung. Gibt der Einzelhändler z. B. einen auf Euro lautenden Verrechnungsscheck ab, dann kann die Gutschrift in D-Mark erfolgen, wenn der Kunde sich für diese Währung entschieden hat.
4. Die Führung von zwei Parallelkonten ist nicht erforderlich.
5. Dieses Verfahren der Geldinstitute hat laut ZGV den Vorteil, daß die Banken die sich bei der Umrechnung von D-Mark in Euro bzw. von Euro in D-Mark ergebenden Rundungsdifferenzen tragen. Die Tatsache, daß viele Industrieunternehmen schon frühzeitig auf den Euro umstellen werden, bedeutet nach Einschätzung des Verbandes nicht zwingend, daß damit auch alle ihre Abnehmer in den Euroabrechnungsverkehr einbezogen werden müssen. Auch diese Unternehmen können zweigleisig weiterarbeiten.

Schon seit Mitte 1998 im Handel erhältliche Euro-Rechner werden es dem Kunden erleichtern, sich mit dem Umrechnungskurs vertraut zu machen.
Ob der Handel die entstandenen Kosten in voller Höhe auf den Kunden umwälzen kann, wird der Wettbewerb und die Transparenz des Wettbewerbs zeigen. Klar ist, daß die Kunden jetzt noch genauer als früher prüfen werden, ob der Umtausch für eine Preiserhöhung ausgenutzt wird.

Für die Bankkunden hat der Europäische Rat eine Empfehlung der Kommission angenommen, die eindeutig sagt: Sie werden keine zusätzlichen Gebühren für die Umstellung auf den Euro zu tragen haben. Diese Empfehlungen umfassen drei Bestimmungen, die nach Ansicht der Kommission Bestandteil der Gesetzgebung sind oder sich direkt daraus ergeben:

- die gebührenfreie Umrechnung eingehender Zahlungen von der nationalen Währung in Euro oder umgekehrt zwischen dem 1. Januar 1999 und dem 31. Dezember 2001,
- die gebührenfreie Umrechnung von in nationaler Währung geführten Konten in Euro nach Ablauf dieses Zeitraums,
- die Anwendung eines einheitlichen Tarifs für Bankdienstleistungen in Euro sowie in nationaler Währung.

Dazu werden folgende Ergänzungen festgelegt:

- die gebührenfreie Umrechnung von Zahlungsausgängen in nationaler Währung in Euro oder umgekehrt zwischen dem 1. Januar 1999 und dem 31. Dezember 2001,
- die gebührenfreie Umrechnung von in nationaler Währung geführten Konten in Euro zwischen dem 1. Januar 1999 und dem 31. Dezember 2001,
- der für Kunden, d. h. die Kontoinhaber, gebührenfreie Umtausch von Banknoten und Münzen in nationaler Währung gegen Euro-Banknoten und -Münzen in den üblichen Größenordnungen und Frequenzen nach dem 1. Januar 2002. Dabei müssen die Banken diese Größenordnungen und Frequenzen definieren.

Die Europäische Kommission weist darauf hin, daß dies in der Praxis folgendes bedeutet: Den Bankkunden – Bürgern wie Unternehmen – darf die Umrechnung ihrer

Konten in Euro nicht in Rechnung gestellt werden. Gleiches gilt für Überweisungen in Euro, und dies bereits ab 1. Januar 1999.

Um Mißverständnisse zu vermeiden, und damit die Bankkunden genau wissen, woran sie sind, empfiehlt die Kommission den Banken, transparent zu arbeiten. Sie werden aufgefordert, bei sämtlichen Umrechnungen von einer nationalen Währung in Euro und umgekehrt sowie für jeden Umtausch von Münzen und Banknoten der Teilnehmerstaaten die verwendeten Umrechnungskurse klar anzugeben und die eventuell verlangten Gebühren getrennt auszuweisen.

Banken, die die oben genannten Bestimmungen nicht anwenden, wird empfohlen, ihren Kunden zuvor schriftlich Auskunft über die geplanten Umrechnungsgebühren sowie spezielle Informationen über die berechneten Gebühren, die aus den Kontoauszügen ersichtlich sind, zu erteilen.

Natürlich sind diese Empfehlungen nur dann sinnvoll, wenn die Banken der Teilnehmerstaaten sie auch tatsächlich in die Tat umsetzen. Daher empfiehlt die Kommission, daß diese Leitlinien ab dem 1. Januar 1999 angewandt werden und daß die Banken ihre Kunden zum frühestmöglichen Zeitpunkt über ihre Absichten in bezug auf diese Leitlinien informieren. Zu den vorgeschlagenen Verfahrensweisen gehört die Veröffentlichung einer Verhaltensordnung, die Übernahme der Bestimmungen in die nationalen Euro-Umstellungspläne und der Aushang eines Symbols, das anzeigt, daß die Bank zur Einhaltung dieser Leitlinien bereit ist. Die Kommission fordert, daß die Mitgliedstaaten die Umsetzung dieser Empfehlungen insbesondere dadurch unterstützen, daß in allen entsprechenden Veröffentlichungen ausdrücklich auf die Empfehlungen hingewiesen wird.

Schließlich wünscht die Kommission, daß die nationalen Behörden Bürgern, die kein Bankkonto besitzen, besondere Aufmerksamkeit widmen. Es ist zu prüfen, welche

Methoden am besten dazu geeignet sind, diesem Kreis den kostenfreien Umtausch der Münzen und Banknoten in angemessener Größenordnung und Frequenz zu erleichtern.

Bereits festgelegt wurde folgende sog. »Modifizierte Stichtagsregelung«: In den Monaten Januar und Februar 2002 werden Einzelhändler in Deutschland nebeneinander Münzen und Scheine in D-Mark und Euro annehmen. Darauf haben sich das Bundesfinanzministerium (BMF) und die Verbände des Einzelhandels, der Automatenwirtschaft sowie der Kreditwirtschaft nach Angaben des Ministeriums verständigt.

Demnach sollen ab 1. Januar 2002 Euro-Banknoten und -Münzen grundsätzlich alleiniges gesetzliches Zahlungsmittel in Deutschland werden. Die D-Mark soll dann als Zahlungsmittel möglichst schnell aus dem Verkehr gezogen werden.

Sichergestellt ist jedoch, daß die D-Mark noch bis Ende 2002 im Einzelhandel angenommen wird. Die Bundesregierung bereitet den Entwurf für ein entsprechendes Begleitgesetz zur Einführung der neuen Zahlungsmittel vor, der dem Gesetzgeber so bald wie möglich vorgelegt werden soll.

Nach der zwischen dem Ministerium und den Verbänden »Modifizierten Stichtagsregelung« werden die Deutsche Bundesbank und das BMF für ihren Bereich sicherstellen, daß D-Mark-Banknoten und -Münzen nach dem 1. Januar 2002 innerhalb kurzer Frist umgetauscht werden können. Die Bundesbank werde gemäß den bestehenden Gepflogenheiten sicherstellen, daß die D-Mark-Zahlungsmittel auch danach noch zu dem unwiderruflich festgelegten Umrechnungskurs in Euro umgetauscht werden können.

Die Modalitäten des Bargeldumtauschs sollen in den Gesprächen der Bundesbank und des Bundesfinanzministeriums mit den Verbänden der betroffenen Wirtschaftszweige verabredet werden. Während der Umtauschphase im Januar und Februar 2002 geben Kreditinstitute und

Einzelhändler auch noch D-Mark-Noten und -Münzen ab. Automaten, die aus technischen Gründen noch nicht auf den Euro umgestellt sind, werden auch danach noch auf D-Mark lautende Banknoten und Münzen annehmen und als Rückgeld herausgeben.

Euro-Label hilft Verbrauchern bei der Orientierung

Eine weitere Vereinbarung, die von den europäischen Verbraucher- und Handelsverbänden unterzeichnet wurde, soll dazu beitragen, daß sich die Verbraucher möglichst schnell mit dem Euro vertraut machen: das »Euro-Label«. Wie die EU-Kommission hierzu mitteilt, können Händler ein Logo an ihren Schaufenstern anbringen oder in ihrer Werbung abdrucken, das darauf hinweist, daß sie das »Euro-Label« erhalten haben. Gewerbetreibende, die über das Logo verfügen, verpflichten sich, spätestens ab dem 1. April 1999 gegenüber den Verbrauchern verschiedene Verhaltensregeln zu befolgen. Dazu zählt, daß sie sich bei den in Euro ausgezeichneten Preisen oder bei in Euro erstellten Rechnungen nur auf die ab dem 1. Januar geltenden Wechselkurse und Rundungsregeln stützen, die auf EU-Ebene festgelegt wurden. Ferner sollen Händler, die das Euro-Label führen, ihren Kunden einfache und klar erkennbare Informationen über die neue Währung liefern.
Eine weitere Verpflichtung des Handels besteht darin, bestimmte Preise, insbesondere die Sonderangebote, sowohl in Landeswährung als auch in Euro auszuzeichnen. Diese doppelte Preisauszeichnung soll für die auf Kassenbons und Rechnungen ausgewiesenen Gesamtbeträge und ab 1. Juli 2001 auch für den Großteil der verkauften Waren und Dienstleistungen gelten.
Die Vereinbarung sieht vor, daß das »Euro-Label« dezentral von unabhängigen Stellen verwaltet wird. Die Unterzeichner plädieren dafür, daß die Beobachtungsstellen für den Übergang zum Euro diese Aufgabe über-

nehmen. Diese Stellen sollen einer Empfehlung der EU-Kommission zufolge von den einzelstaatlichen Behörden eingerichtet werden.
Diese Vereinbarung, mit Hilfe des »Euro-Labels« die Verbraucher zu unterstützen ist die erste dieser Art, die auf europäischer Ebene getroffen wurde.

9. Müssen die wirtschaftlich stärkeren Länder die Schulden der schwächeren mittragen?

Die Rede vom »Zahlmeister Deutschland« hat an den Stammtischen die Runde gemacht. Häufig lautet das Vorurteil, wir müßten für die Schulden anderer Länder einstehen. Es ist nicht richtig, daß die Länder mit starker Wirtschaft zur Kasse gebeten werden, wenn es anderen Teilnehmerländern schlechter geht.
Im EG-Vertrag, Artikel 104 b wurde sinngemäß folgendes festgelegt: Weder die Gemeinschaft noch ein Mitgliedstaat haften für Verbindlichkeiten eines anderen Mitgliedstaates, und zwar weder für Schulden der Zentralregierung noch der regionalen oder lokalen Gebietskörperschaften, das sind Regionen oder Gemeinden, noch anderer öffentlich-rechtlicher Körperschaften, sonstiger Einrichtungen des öffentlichen Rechts oder öffentlicher Unternehmen.
Damit ist eindeutig geklärt, daß kein Mitgliedstaat der Europäischen Union für Schulden eines anderen Mitgliedstaates haftet. Im Englischen wird eine solche, einer Bürgschaft ähnliche Haftung als *bail out* bezeichnet. Der Haftungsausschluß des Artikels 104 b des EG-Vertrags wird deshalb auch als »*No-bail-out*-Klausel« bezeichnet.
Eine weitere Befürchtung, die immer wieder zu hören ist, lautet: Es seien gewaltige Finanzströme aus den reicheren in die ärmeren Länder nötig, damit die für die Währungsunion wirtschaftliche Konvergenz aufrechterhalten bleiben könnte.

Hier muß unterschieden werden zwischen den Kapitalhilfen, die bisher schon und ohne Währungsunion insbesondere im Rahmen der Strukturpolitik den ärmeren Mitgliedstaaten zugute kommen, und Kapitalhilfen, die vielleicht notwendig werden könnten, wenn die wirtschaftliche Entwicklung in den Teilnehmerländern wieder gegensätzlich verlaufen sollte.
An der Währungsunion können nur Länder teilnehmen, die in einer Vorbereitungszeit von nahezu zehn Jahren ein hohes Maß an Konvergenz erreicht haben. Auch wenn die Konvergenzkriterien beim Start im Mai 1998 etwas »aufgeweicht« wurden, was die Schuldensituation angeht, werden sie doch weiterhin als Maßstab angewendet. Die Teilnehmerländer haben sich im Stabilitätspakt von 1997 verpflichtet, weiterhin die geforderte Haushaltsdisziplin einzuhalten. Sie müssen sich in dieser Hinsicht auch in der Währungsunion jährlich dieser Überprüfung stellen. Es ist deshalb nicht zu erwarten, daß die erreichte Konvergenz unter den Teilnehmerstaaten wieder zur Divergenz werden könnte. Selbst wenn dieser Fall eintreten sollte: Der EG-Vertrag verpflichtet die einzelnen Länder nicht, anderen Ländern in dieser Situation finanziell beizustehen.
Nach wie vor gibt es natürlich weiterhin Kapitalhilfen für die ärmeren Länder im Rahmen der europäischen Strukturpolitik. Hier sind die Beträge für Jahre im voraus festgelegt. Von diesen Hilfen profitieren beispielsweise auch die neuen Bundesländer, die in der Zeit von 1994 bis 1999 Hilfen aus Brüssel in Höhe von 27 Mrd. DM erhalten. Und nach wie vor – unabhängig von der Währungsunion – haben die Mitgliedstaaten der EU einander in Artikel 103a des EG-Vertrags finanziellen Beistand für den Fall zugesagt, daß ein Mitgliedstaat aufgrund außergewöhnlicher Ereignisse wie z. B. einer Naturkatastrophe mit großen finanziellen Schwierigkeiten konfrontiert ist.
Eine weitere, immer wieder geäußerte Befürchtung lautet: Was passiert, wenn sich ein Teilnehmerland nicht

streng genug an die Preisstabilität, zu der es verpflichtet ist, hält? Da die Möglichkeiten der Auf- und Abwertung entfallen, könnte dies innerhalb der Teilnehmer zu großen Spannungen führen.
Eine der Ursachen für hohe Inflationsraten ist gegeben, wenn die für das Drucken von Geld verantwortlichen Zentralbanken nicht unabhängig sind, sondern Weisungen ihrer Regierungen befolgen müssen. Denn Regierungen erliegen allzu leicht der Versuchung, ihre Finanzprobleme durch Vermehrung der Geldumlaufmenge zu lösen.
Etwas unauffälliger als der Befehl zum ungebremsten Drucken von Banknoten, aber für die Preisstabilität nicht weniger verhängnisvoll, ist die Möglichkeit einer Regierung, sich bei ihrer Zentralbank Kredite zu besorgen, um die Haushaltslöcher zu stopfen. Regierungen, denen dies erlaubt ist und die davon ausgiebig Gebrauch machen, sind an Preisstabilität kaum interessiert, weil sie ihre Schulden mit Geld, das allmählich weniger wert wird, bequemer zurückzahlen können.
Weil Preisstabilität in der Währungsunion Vorrang hat, müssen deshalb sowohl die Europäische Zentralbank als auch die weiterhin bestehenden nationalen Zentralbanken aller an der Währungsunion beteiligten Länder unabhängig sein. Ihnen ist es außerdem nach Artikel 104 des EG-Vertrages verboten, Organen der Gemeinschaft oder Regierungen von Teilnehmerländern Kredite zu gewähren. Damit sind wichtige Ursachen, die in der Vergangenheit zu zweistelligen Inflationsraten geführt haben, beseitigt.
Für die Geldpolitik aller Länder ist einheitlich die Europäische Zentralbank zuständig. Die Finanzpolitik (also die Maßnahmen zur Regulierung der öffentlichen Einnahmen und Ausgaben) bleiben zwar auch in der Währungsunion in nationaler Verantwortung. Der Stabilitätspakt verbietet aber allen Regierungen auch in Zukunft unter Androhung empfindlicher Geldbußen eine übermäßige öffentliche Verschuldung.

10. Welche rechtlichen Änderungen müssen seit 1. Januar 1999 beachtet werden?

Auswirkungen auf den Zahlungsverkehr

Seit dem 1. Januar 1999 ist der Euro gesetzliches Zahlungsmittel und damit eine eigenständige Währung wie der Franc oder die D-Mark. Als Bargeld wird es ihn, wie gesagt, aus technischen Gründen erst ab Januar 2002 geben. Damit haben Banken, Unternehmen und Verbraucher genügend Zeit, sich mit dem Euro vertraut zu machen.
Gibt es wesentliche Änderungen für die Menschen in den Ländern der Währungsunion? »Pacta sunt servanda«, sagt der deutsche Jurist getreu römischer Zivilrechtstradition: Ein Kontrakt muß eingehalten werden. Das gilt auch bei der Einführung des Gemeinschaftsgeldes, bei der europäische Paragraphen ins Spiel kommen, auch dann wenn die Geschäfte über Staatsgrenzen hinweg getätigt werden. Der Rat, d. h. die zuständigen Minister aller Mitgliedstaaten der Europäischen Union hat eine Verordnung erlassen, die besagt: Die Einführung des Euro ändert nichts an bestehenden Rechtsinstrumenten.
Daß die deutsche Währung abgeschafft wird, bringt niemandem einen Vorwand, sich von unliebsamen Bindungen zu verabschieden. Das bedeutet: Alle völkerrechtlichen Verträge, alle nationalen Gesetze und Verwaltungsakte, alle privaten Verträge und Vereinbarungen, die sich auf Zahlung oder Erhalt von Beträgen in D-Mark beziehen (oder einer anderen, an der Währungsunion teilnehmenden Währung), behalten uneingeschränkt ihre Gültigkeit. Ob es nun Tarifverträge sind oder Mietverträge, Zahlungsbescheide des Finanzamts oder Gewinne aus der letzten Ziehung der Lottozahlen, Sparguthaben, Bausparverträge oder Strafzettel wegen Falschparkens – alle werden weiterhin in D-Mark beglichen, wenn die be-

teiligten Parteien nichts anderes vereinbaren. Das wird bis zum Jahr 2002 so bleiben.
Wegen der Umstellung auf den Euro dürfen bestehende Verträge weder geändert noch gekündigt werden, denn es gilt: Niemand darf unter Berufung auf die Währungsumstellung sagen, damit sei die Geschäftsgrundlage für eine bereits bestehende vertragliche Vereinbarung entfallen.

Für die Übergangszeit von 1999 bis 2002 gilt folgendes:

1. Die Währungsbezeichnung Euro kann auch mit nationalen Währungsbezeichnungen ausgedrückt werden, d. h.: In dieser Zeit sind die Bezeichnungen D-Mark oder Schilling oder Franc stellvertretende Bezeichnungen für Euro.

2. Wer will, kann ab dem 1. Januar 1999 den Euro verwenden, allerdings nur für bargeldlose Zahlungen. Andererseits ist niemand gezwungen, Euro als Zahlung anzunehmen. **Es gilt die Regel: kein Zwang zur, aber auch keine Behinderung für die Verwendung von Euro!** Daraus folgt: Die Verwendung des Euro in dieser Zeit setzt voraus, daß sich beide Seiten, der Zahlende und der Empfänger, über die Währung einig sind.

3. Die Verbände der Kreditwirtschaft und die Deutsche Bundesbank haben vereinbart, daß sie in der Übergangszeit von 1999 bis 2002 den gesamten Zahlungsverkehr untereinander sowohl in Euro- als auch in D-Mark-Beträgen ausweisen. Das bedeutet, daß jeder, ob Firma oder Privatmann, bereits ab 1999 Konten in Euro führen kann. Ein angewiesener Betrag wird dem Empfänger stets so gutgeschrieben, wie er es mit seiner Bank vereinbart hat – in D-Mark, wenn er ein D-Mark-Konto hat, in Euro, wenn er sein Konto bereits auf Euro umgestellt hat, und zwar

einerlei, in welcher der beiden Währungen der Zahlungspflichtige seine Anweisung ausgestellt hat.

4. Wer also vor dem 1. Januar 2002 eine Kontoführung in Euro wünscht, muß dies seiner Bank oder Sparkasse sagen. Ab dem Januar 2002 werden Konten automatisch auf Euro umgestellt. Löhne und Gehälter werden von diesem Zeitpunkt an in Euro und Cent überwiesen.

5. Werden neue Verträge vereinbart, liegt es in der Übergangszeit in der Hand der Firmen und Privatleute, ob sie in den Vertragstext D-Mark oder Euro einsetzen. Dies gilt auch für bestehende Verträge. Wichtig ist nur, daß sich beide Parteien in der Wahl der Währung einig sind. Einen Zwang darf eine Vertragsseite auf die andere dabei nicht ausüben.

6. Die öffentliche Hand wird – nach jetzigem Stand der Dinge – erst mit Beginn des Jahres 2002 auf Euro umstellen. Das heißt: Steuererklärungen für Zeiträume bis Ende 2001 sind in D-Mark abzufassen, auch wenn sie erst später eingereicht werden, Steuererklärungen für Zeiträume ab 2002 dagegen in Euro.
   Auch Zahlungen nimmt die öffentliche Hand in der Übergangszeit nur in D-Mark entgegen. Da aber die Banken zugesichert haben, daß Zahlungsaufträge in Euro auf Wunsch dem Empfänger in D-Mark gutgeschrieben werden, können Überweisungen an den Staat auch in Euro erfolgen.

7. Auch für die Sozialversicherungsträger gilt die Stichtagregelung: Alles wird am 1. Januar 2002 umgestellt. Beiträge werden bis dahin in D-Mark gutgeschrieben, können aber in Euro angewiesen werden.

8. Urteile von Gerichten in Strafrechtsverfahren werden bis Ende 2001 in D-Mark abgefaßt, danach in Euro. Für das Zivilrecht wird vermutlich eine Regelung geschaffen, die es auch in der Übergangszeit erlaubt, Forderungen in Euro einzuklagen.

Zeitplan zur Währungsentwicklung:

	1. 1. 1999 bis 31. 12. 2001	*1. 1. 2002 bis 30. 6. 2002*	*spätestens ab 1. 7. 2002*
Währung	Euro	Euro	Euro
gesetzliches Zahlungsmittel	DM + Euro	Euro	Euro
Buchgeld	DM + Euro	Euro	Euro
Bargeld	DM	DM + Euro	Euro

Andere rechtliche Änderungen

Änderungen im Gesellschaftsrecht
AG: Das Mindest-Grundkapital von bisher 100 000 D-Mark wird auf 50 000 Euro geändert.
Der Mindestnennwert einer Aktie beträgt einen Euro (bisher fünf D-Mark); höhere Aktienbeträge lauten auf volle Euro.
GmbH: Das Mindeststammkapital beträgt 25 000 Euro (bisher 50 000 D-Mark).

Änderungen beim gerichtlichen Mahnverfahren
Bisher war das gerichtliche Mahnverfahren nur bei Forderungen zugelassen, die auf D-Mark lauten. Ist eine Rechnung in Euro ausgestellt, würde dies für einen zahlungsunwilligen Schuldner bedeuten, daß kein gerichtliches Mahnverfahren eingeleitet werden kann.
Um diese Problematik zu beseitigen, wurde die Zivilprozeßordnung im Euro-Einführungsgesetz geändert. Seit dem 1. Januar 1999 kann das gerichtliche Mahnverfahren in D-Mark und Euro eingesetzt werden.

Änderung beim Bilanzierungsverfahren
Für alle Geschäftsjahre, die nach dem 31. Dezember 2001 enden, gilt: Der Jahresabschluß ist in Euro zu erstellen! (§ 244 HGB).

Forderungen und Verbindlichkeiten, die auf Währungseinheiten von Euro-Mitgliedstaaten lauten, müssen am Schluß des ersten nach dem 31. Dezember 1998 endenden Wirtschaftsjahres im Jahresabschluß mit dem festgelegten Euro-Umrechnungskurs umgerechnet und angesetzt werden. Ein eventueller Umrechnungsgewinn kann in eine sog. den steuerlichen Gewinn mindernde »Euroumrechnungsrücklage« (§ 6d EStG) eingestellt werden (»Sonderposten aus der Währungsumstellung auf den Euro« direkt nach dem Eigenkapital zu bilanzieren). Die Rücklage ist aufzulösen, wenn das Wirtschaftsgut ausscheidet, d. h. spätestens innerhalb von fünf Jahren.

III. Fragen rund ums Geld und den Zahlungsverkehr von Bürgern, Sparern und Unternehmen

1. Was ändert sich im Bereich Zahlungsverkehr?

Seit Beginn des Jahres 1999 findet der Euro Verwendung in der Wirtschaft. Auf dem Geldmarkt, im Verkehr zwischen Zentral- und Geschäftsbanken sowie im bargeldlosen Zahlungsverkehr ist der Euro bereits Normalität. Auch große Industrieunternehmen haben bereits auf den Euro umgestellt. Immer häufiger wird von den Unternehmen eine Fakturierung in Euro verlangt.
Die deutschen Kreditinstitute verrechnen seit Jahresbeginn untereinander nur noch in Euro. Kunden können dagegen weiterhin frei entscheiden, ob sie während der dreijährigen Übergangsfrist ein Konto in D-Mark und/oder Euro führen wollen. Zwei parallele Konten werden jedoch nicht erforderlich sein, da sowohl D-Mark als auch Euro-Aufträge bzw. -Gutschriften unabhängig von der Kontowährung zu Inlandskonditionen verbucht werden können. Bei einem Zahlungsauftrag muß der Betrag bei der ersteingeschalteten Bank in Euro konvertiert werden. Beide Beträge werden im Datensatz über das Interbank-Clearing bis zum begünstigten Kreditinstitut mitgeführt. Für die Verrechnung auf den LZB-Konten wird der Euro-Betrag genutzt. Das Empfängerinstitut schreibt seinem Kunden den mitgeführten D-Mark-Betrag gut, sofern der Kunde nicht eine Gutschrift in Euro wünscht. So werden Rundungsdifferenzen aus einer erneuten Umrechnung vermieden.

Deutscher Zahlungsverkehr

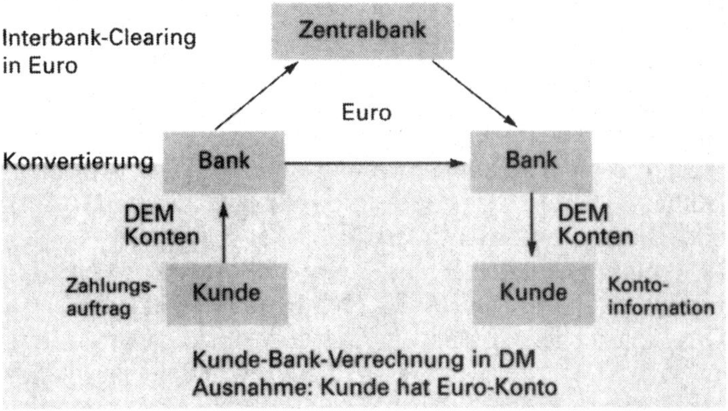

Abb. 12 (Quelle: Deutsche Bank)

Der Kontoauszug enthält die für den Kunden notwendigen Informationen: Wenn der Kunde eine Gutschrift in einer anderen Währung als der Kontowährung erhält (z. B. Gehaltszahlung in Euro, während das Konto noch auf D-Mark lautet), so erscheint die Information über

Beispiel Kontoauszug mit Zusatzangaben (Entwurf)

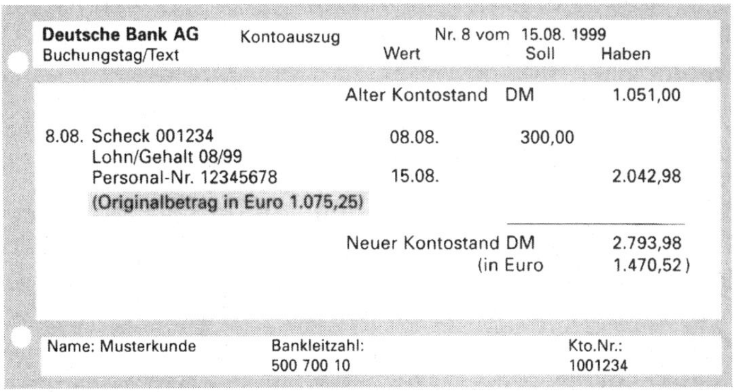

Deutsche Bank AG Kontoauszug Nr. 8 vom 15.08. 1999

Buchungstag/Text	Wert	Soll	Haben
Alter Kontostand DM			1.051,00
8.08. Scheck 001234	08.08.	300,00	
Lohn/Gehalt 08/99 Personal-Nr. 12345678 (Originalbetrag in Euro 1.075,25)	15.08.		2.042,98
Neuer Kontostand DM			2.793,98
(in Euro			1.470,52)

Name: Musterkunde — Bankleitzahl: 500 700 10 — Kto.Nr.: 1001234

Abb. 13 (Quelle: Deutsche Bank)

den Originalbetrag durch eine Zusatzangabe im Feld Verwendungszweck.
Die Kreditinstitute werden zusätzlich auch den neuen Kontostand als Zusatzinformation in Euro ausweisen.
Darauf achten alle Kontoinhaber:
Sie haben die Wahl, ob Ihr Konto (ab Januar 1999 bis Ende 2001) in D-Mark oder Euro geführt werden soll. Auch die Überweisungsformulare bieten diese Wahlmöglichkeit. Nicht vergessen, die entsprechende D-Mark oder Euro-Spalte richtig anzugeben!
In einem gesonderten Feld können Sie die Währung wählen: EUR für Euro und DEM für D-Mark!
Der Auszug zeigt dann, in welcher Währung der Auftrag ausgeführt wurde, weist aber zur Gewöhnung zusätzlich den Euro-Betrag aus. Ab 1. Januar 2002 werden dann alle Konten nur noch in der Einheitswährung Euro geführt.

Ausstellung von Schecks

Auch bei der Ausstellung von Schecks haben Sie die Möglichkeit, den D-Mark- oder den Euro-Betrag einzutragen. Die Einlösungsgarantie für Euroschecks bleibt zunächst bei 400 D-Mark oder dem gleichwertigen Euro-Betrag. Hier wird man sich demnächst auf einen glatten Euro-Betrag einigen. Auch wenn das Konto bereits auf Euro umgestellt ist, kann die Bank auf D-Mark ausgestellte Schecks dem Konto belasten.

Reisezahlungsmittel, EC-Karte, elektronische Geldbörse

Im Ausland werden weiterhin Euro- und Travellerschecks in D-Mark ebenso wie Bargeld und Kreditkarten akzeptiert. In den Euro-Ländern müssen Sie bis Ende 2001 die jeweils im Land gültige Währung erwerben. Erst danach lassen sich die Transaktionskosten beim Bargeldumtausch sparen. Die Umrechnungskosten werden möglicherweise etwas sinken, da die Wechselkurse zwischen den EWU-Teilnehmerländern nicht mehr schwanken können. Bei Euroschecks und Kreditkarten wird wie bisher die entsprechende Währung eingetragen. Kreditkarten können Sie bereits seit Anfang 1999 in der Währung Ihrer Wahl verwenden. Ab dem Jahr 2000 tauscht die Kreditwirtschaft nach und nach alle EC-Karten um, D-Mark-Karten verlieren spätestens am 31. Dezember 2002 ihre Gültigkeit. Auch eurotaugliche Geldkarten sollen ab 2000 in Umlauf kommen. Schon bevor das physische Bargeld in Umlauf kommt, kann mit der elektronischen Geldbörse in der neuen Währung gezahlt werden.

Überweisung von Gehältern

Viele Firmen wollen möglichst bald die Löhne und Gehälter in Euro überweisen. Dennoch werden die Gehälter zunächst in beiden Währungen ausgewiesen, und der Arbeitgeber kann dann letztendlich entscheiden, ob und wann er die Überweisung in Euro vornimmt. Unterhält der Arbeitnehmer ein Euro-Konto und der Arbeitgeber entscheidet sich für D-Mark, wird der Betrag von der Bank umgerechnet.

Überweisung von Mieten und sonstigen laufenden Kosten

Auf D-Mark lautende Mietverträge können bis einschließlich Juni 2002 in D-Mark beglichen werden. Andererseits haben Sie jedoch die Möglichkeit, von Ihrem in Euro geführten Konto bereits ab Januar 1999 die Mieten in Euro zu überweisen, selbst wenn der Vertrag D-Mark vorsieht. Der entsprechende Betrag wird dann von der Bank einfach umgerechnet. Aufgrund der festen Wechselkurse geschieht dies ohne Verlust. Dasselbe Verfahren gilt seit Jahresanfang auch für alle anderen Daueraufträge oder Einzugsermächtigungen. Solange Sie der

Bank nichts anderes mitteilen, wird sie die Überweisungen weiterhin in D-Mark vornehmen und Ihnen in D-Mark belasten.
Bei bestehenden Daueraufträgen sollten Sie bei der Umrechnung in Euro darauf achten, daß die Umrechnungskurse krumme Zahlen ergeben. Erst ab dem 1. Januar 2002 stellt Ihre Bank alle Daueraufträge automatisch auf die neue Währung um.

Freistellungsaufträge

Von der neuen rot-grünen Regierung werden die Freibeträge für die Zinsabschlagsteuer ab dem 1. Januar 2000 halbiert auf 3000 D-Mark für Ledige und 6000 D-Mark für Verheiratete. Die bereits bestehenden, auf D-Mark lautenden Freistellungsaufträge müssen nicht auf einen Euro-Betrag geändert werden. Nach der Umrechnung werden diese Freibeträge möglicherweise auch auf einen glatten Euro-Betrag umgestellt. Handlungsbedarf besteht folglich nicht bei der Umstellung, möglicherweise jedoch bei der Anlagestrategie. Dazu später mehr.

Überlegungen und Änderungen, die Unternehmen betreffen

Alle Unternehmen haben die Freiheit, zwischen dem 1. Januar 1999 und dem 1. Januar 2002 die Umstellung vorzunehmen. Die Deutsche Bank weist in ihrer Checkliste zur Umstellung auf folgende Fragen hin:

- Welche Kunden verlangen ab sofort eine Fakturierung in Euro? Welche Lieferanten und welche Wettbewerber werden frühzeitig umstellen und in Euro fakturieren?
- Bereits jetzt mit den wichtigen Kunden und Zulieferern den zukünftigen Zahlungsverkehr klären – viele Großunternehmen haben sich bereits für den Euro entschieden.

- Individuelle Abwägung vornehmen: Bringt eine frühzeitige Umstellung Wettbewerbsvorteile und Vereinfachungen?
- Wann wird die Basiswährung des Rechnungswesens im Unternehmen umgestellt? Wenn Kontoführung und Zahlungsverkehr in der gleichen Währungsausprägung lauten wie das Rechnungswesen, verringert sich die Anzahl der Rundungsdifferenzen.

Durch den Wegfall von Devisenhandelskosten in Teilnehmerwährungen wird der grenzüberschreitende Zahlungsverkehr ab 1999 kostengünstiger werden. Darüber hinaus wird der Aufbau europäischer Zahlungsverkehrssysteme die Abwicklung dieser Zahlungen effizienter machen. Neben der traditionellen direkten Verrechnung zwischen Banken werden voraussichtlich TARGET und das EBA (ECU Banking Association) Euro-Clearing eine wichtige Rolle spielen:
Das TARGET (Trans-European Automated Real-Time Gross-Settlement Express Transfer)-System wird vom ESZB (Europäisches System der Zentralbanken) mit dem Beginn der Währungsunion bereitgestellt. Es verbindet die nationalen Echtzeit-Bruttosysteme und wird hauptsächlich Großbetragszahlungen zwischen Banken abwickeln.
Die EBA cleart bereits seit über zehn Jahren den ECU. Derzeit nehmen 49 Geschäftsbanken aus Europa und Übersee an diesem privaten Nettosystem teil, das ab dem 1. Januar 1999 den Euro verrechnet.
Bei der Weiterleitung von Zahlungen im Inland sind jedoch auch diese Systeme auf die nationalen Zahlungsverkehrssysteme angewiesen, die sich auch mittelfristig wesentlich voneinander unterscheiden werden.

Welche technischen Maßnahmen sind für die Umstellung des Zahlungsverkehrs nötig, und ergeben sich dabei Rationalisierungsmöglichkeiten?

Spezielle Informationen zum Zahlungsverkehr in Euro werden bei allen Großbanken erhältlich sein. Erforderlich ist in vielen Fällen ein Beratungsgespräch mit dem Electronic Banking-Berater über den Austausch der Software sowie über individuelle Möglichkeiten zur Modernisierung des Zahlungsverkehrs.
Ansprechpartner für alle mittleren und kleinen Unternehmen sind hier neben der Hausbank die Verbände und Interessensvereinigungen, die zahlreiche Schulungsmaßnahmen zum Euro anbieten.

Welche Schwierigkeiten kommen im Jahr 2002 auf Ihr Unternehmen zu, wenn es für kurze Zeit (mindestens zwei Monate) zwei parallele Bargeldumläufe geben wird?
Dem Anfang des Jahres 2002 schauen viele Unternehmen mit Bangen entgegen. Zwei Währungen erfordern einen großen Aufwand an Kassenhaltung und Rechnungswesen. Münzen und Banknoten der nationalen Währungen werden durch Euro-Münzen und Euro-Noten ersetzt. Auch der Einzelhandel ist verpflichtet, zusätzlich zu den bisherigen die neuen Münzen und Noten zu akzeptieren. Allerdings ist noch offen, ob es wirklich sechs Monate dauert, bis die D-Mark völlig in den Euro umgetauscht wurde. Folgende Fragen sollte jedes Unternehmen bis dahin geklärt haben:

- Sind die Kassensysteme für den vorübergehenden Umgang mit zwei Währungen ausgelegt?
- Ist im Unternehmen genügend Tresorraum vorhanden, um in der Übergangszeit sowohl D-Mark als auch Euro zu lagern?
- Sind die Investitionskosten für neue Kassen, Waagen oder Automaten bereits eingeplant? Können vorhandene Maschinen kostengünstig umgestellt werden?
- Läßt sich der Bargeldumlauf durch die Akzeptanz kartengebundener Zahlungssysteme und Ausbau entsprechender Kassensysteme reduzieren?

Ob ein früher oder ein später Umstellungszeitpunkt gewählt werden sollte, muß jedes Unternehmen für sich selbst entscheiden. Klar ist, daß es keinen »Big Bang« geben wird, d. h. daß die gesamte Umstellung nicht von einem Tag auf den anderen vorgenommen werden muß. Für eine sehr frühe Umstellung auf den Euro könnten sich Unternehmen unter folgenden Bedingungen entscheiden:

- Sie haben häufig grenzüberschreitende Handelsbeziehungen innerhalb und außerhalb der EU.
- Sie arbeiten mit internationalen Vertriebs- und Produktionsgesellschaften zusammen.
- Sie haben Tochtergesellschaften oder Niederlassungen im EWU-Ausland.

Für eine frühzeitige Umstellung spricht in diesen Fällen:

- weniger Währungen sind zu verarbeiten,
- Rechnungswesen und Controlling läßt sich vereinheitlichen,
- Zahlungsverkehr innerhalb der EWU-Zone wird vereinfacht,
- Zulieferer vermeiden Mißverständnisse mit Auftraggebern und sichern
- Konkurrenzvorteile,
- Markterschließung kann zügig vorangetrieben werden,
- mehr Preis- und Kostentransparenz,
- Engpässe bei umstellungsbezogenen Produkten und Leistungen werden vermieden.

Für eine spätere Umstellung auf den Euro könnten sich Unternehmen unter folgenden Bedingungen entscheiden:

- Sie haben mit überwiegend regionalen Absatz- und Beschaffungsmärkten zu tun,

- Es gibt nur eine geringe Verflechtung mit Großunternehmen,
- Der Bargeldumschlag ist recht hoch.

In diesen Fällen wird empfohlen:

- definitive staatliche Regelungen abwarten,
- Anlaufschwierigkeiten anderer vermeiden, Praxiserfahrung und externe Problemlösungen abwarten,
- Gleichschritt mit öffentlicher Finanzverwaltung wahren,
- Umstellungskosten aufschieben.

(Bis jetzt gilt: Steuererklärungen müssen bis 2001 in D-Mark erfolgen.)
Grundsätzlich sollten die Unternehmen die Wechselwirkungen der Umstellungen mit dem gesamten Unternehmensumfeld genau untersuchen, d. h. es müssen Verflechtungen mit Kunden, Lieferanten, Partnerunternehmen im Ausland und dem gesamten Kapitalmarkt in die Überlegungen einbezogen werden.

Dürfen die Banken Umstellungskosten verlangen?

Viele Sparer und Anleger befürchten, daß die hohen Umstellungskosten der Banken auf direktem oder indirektem Weg über zusätzliche Bankgebühren oder Umstellungsgebühren auf sie abgewälzt werden. Dazu hat die Europäische Kommission eindeutig Stellung genommen. In der Empfehlung vom 23. April 1998 heißt es ausdrücklich:
»Nach Auffassung der Kommission können Banken aus rechtlichen Gründen folgendes *nicht* verlangen:

- ein Entgelt für die Umrechnung auf die Euro-Einheit oder die nationale Währungseinheit lautender Zahlungseingänge in der Übergangszeit;

- ein Entgelt für die Umstellung von Konten von der nationalen Währungseinheit auf die Euro-Einheit am Ende der Übergangszeit;
- unterschiedliche Entgelte für Leistungen in der Euro-Einheit und ansonsten gleichartige Leistungen in der nationalen Währungseinheit.«

Nach Auffassung der Kommission sollten die Banken, um die reibungslose Einführung des Euro zu erleichtern, über die gesetzlichen Mindestanforderungen hinausgehen, indem sie folgende Umstellungsleistungen unentgeltlich anbieten:
Umstellung von Konten von der nationalen Währungseinheit auf die Euro-Einheit in der Übergangszeit, Umrechnung von Zahlungsausgängen von der nationalen Währungseinheit in die Euro-Einheit und umgekehrt in der Übergangszeit sowie Umtausch »haushaltsüblicher Beträge« von nationalen Banknoten und Münzen in Euro-Banknoten und -Münzen für ihre Kunden in der Endphasc. In diesem Zusammenhang wurde ein »Standard des guten Verhaltens« erstellt, der die genannten unentgeltlichen Umstellungsleistungen beinhaltet.
Die Kunden sollten bereits vor dem 1. Januar 1999 darüber unterrichtet worden sein, ob und gegebenenfalls in welchem Umfang die Banken den Standard des guten Verhaltens umzusetzen gedenken. Achten Sie deshalb auf die Verwendung eines »Umstellungssymbols«, das anzeigt, daß sich die betreffende Bank an den Standard des guten Verhaltens hält.

Welche Funktion hat das Euro-Symbol?

Wie alle wichtigen Währungen hat natürlich auch der Euro ein eigenes Symbol. Entworfen wurde es von der Europäischen Kommission. Das Symbol mußte drei Kriterien erfüllen:

- das Design muß ansprechend und einprägsam sein,
- das Symbol muß leicht zu schreiben sein,
- das Symbol muß erkennbar für Europa stehen.

€

Das Zeichen zeigt ein Epsilon, was an den Anfangsbuchstaben von Europa erinnern soll. Der doppelte Strich symbolisiert die Stabilität des Euro. Eine offizielle Registrierung eines solchen Symbols gibt es nicht. Wie beim englischen Pfund oder dem US-Dollar ergibt sich die Vertrautheit damit im Lauf der Zeit durch den ständigen Gebrauch.

Welche Bedeutung wird der Wechsel zukünftig im Zahlungsverkehr spielen?

Wegen der neuen Geldpolitik der Europäischen Zentralbank wird es keinen Diskontsatz mehr geben. Dennoch wird der in vielen Unternehmen als Zahlungs- und Kreditmittel geschätzte Wechsel nicht völlig verschwinden. Aufgrund seiner großen Vorteile wird der Handelswechsel im Zuge des Euro nicht aussterben.
Zwar wird es zukünftig keine Rediskontierungsmöglichkeit mehr geben, dennoch bleibt der Wechsel als notenbankfähige Sicherheit und damit als Finanzierungsinstrument laut Beschlußlage der Bundesbank erhalten.
Kreditinstitute können mit Beginn der Europäischen Währungsunion Wechsel zur Besicherung ihrer Refinanzierungsgeschäfte bei der Deutschen Bundesbank verwenden. Die Notenbank wird einen Basistender herausgeben, der sich an der bisherigen maximalen Wechsellaufzeit orientiert. Hierfür werden jedoch nicht mehr der Diskontsatz gebraucht, sondern geldmarktnahe Zinssätze, die etwas höher als der bisherige Diskontsatz liegen.
Die künftig zu verwendenden Wechsel brauchen nur noch zwei »gute« (bisher drei) Unterschriften zu tragen,

ZULASSUNGSKRITERIEN

	Handelswechsel	**Kreditforderungen an Handel und Industrie**
Mindestrestlaufzeit	1 Monat	1 Monat
maximale Restlaufzeit	6 Monate	2 Jahre
Mindestbetrag	nicht erforderlich	10 000 Euro
Währung	auf Euro oder nationale Währung lautend	auf Euro oder nationale Währung lautend
Sitz des Schuldners	Deutschland	Deutschland
Bonitätsbeurteilung des Unternehmens	Mindestens ein Wechselmitverbundener muß von der Deutschen Bundesbank als notenbankfähig eingestuft sein.	Schuldner der Kreditforderung muß von der Deutschen Bundesbank als notenbankfähig eingestuft sein.
Bewertung	Abzinsung mit dem 3-Monats-Euribor-Satz	Nennwert
Bewertungsabschlag	2 %	2 %
weitere Bedingungen	Wechselinkasso durch die Deutsche Bundesbank	Gewährung nach deutschem Recht, keine Kontokorrentkredite

Abb. 14 (Quelle: Deutsche Bundesbank)

um notenbankfähig zu sein. Somit werden nicht nur Handelswechsel, sondern auch Bankakzepte und Solawechsel einsetzbar. Akzeptiert werden außerdem Wechsel mit einer Laufzeit bis zu sechs Monaten (bisher nur drei).
Seit Januar 1999 werden neben Wechseln auch Kreditforderungen der Banken notenbankfähige Instrumente zur Refinanzierung. Der Mindestbetrag muß 10 000 Euro betragen, die maximale Restlaufzeit zwei Jahre.
Die Deutsche Bundesbank hat die Zulassungskriterien für die nicht marktfähigen Sicherheiten festgelegt, die für geldpolitische Operationen des ESZB und für die Besicherung von Innertageskrediten verwendet werden können. Die nicht marktfähigen Sicherheiten zählen zur Kategorie 2 der vom ESZB akzeptierten, refinanzierungsfähigen Titel, die für nationale Finanzmärkte und Bankensysteme von besonderer Bedeutung sind und für die nationalen Zentralbanken die Zulassungskriterien festlegen. Wie die Bundesbank festgelegt hat, geben die

Euro: Rund ums Girokonto		
Kontonummer und Kontoauszug	**ec-Karte, GeldKarte, Kreditkarte**	**Überweisungen, Schecks, Lastschriften**
Die Kontonummer bleibt bei der Umstellung eines Kontos von D-Mark auf Euro unverändert. Wenn der Kunde nicht ausdrücklich ein Euro-Konto wünscht, werden Bankkonten zunächst weiter auf D-Mark lauten. Anfang 2002 werden sämtliche D-Mark-Konten automatisch auf Euro umgestellt. Auf jedem D-Mark-Konto können auch eingehende Zahlungen in Euro verbucht werden. Die Bank schreibt den Betrag stets in der Währungseinheit gut, in der das Konto geführt wird. Die Umrechnung erfolgt automatisch und kostenlos zum offiziellen Kurs. Im Verwendungszweck des Kontoauszugs wird zusätzlich der ursprüngliche Betrag angegeben. Die Kontoauszüge werden in der jeweiligen Kontowährung erstellt, d.h. in D-Mark oder Euro. Damit der Kunde sich schon langsam an die neue Währung gewöhnen kann, wird der Endsaldo sowohl in D-Mark als auch in Euro ausgewiesen.	ec-Karten und Kreditkarten können weiterhin problemlos im In- und Ausland eingesetzt werden. Alles funktioniert wie bisher. Wurde die Kreditkartenabrechnung auf Wunsch bereits auf Euro umgestellt, werden Verfügungen mit der Kreditkarte in Euro abgerechnet. Die Belastung auf dem Girokonto erfolgt immer in der Kontowährung. Mit der GeldKarte kann weiterhin problemlos bargeldlos bezahlt werden. Die GeldKarte ist fit für den Euro. Wenn die Händler umrüsten, kann ab 1999 die elektronische Geldbörse auch für Euro-Zahlungen genutzt werden.	Die Vordrucke wurden um ein Feld zur Angabe der Auftragswährung erweitert. Bis Ende 1998 kann das Feld nur mit "DM" ausgefüllt werden. **Nicht vergessen:** Ab dem 1. Januar 1999 muß immer eingetragen werden, in welcher Währung die Bank den Auftrag ausführen soll: "DM" oder "EUR" (Euro). **Unser Tip:** Immer die Währung wählen, die in der Rechnung genannt ist. Zunächst wird das in den meisten Fällen D-Mark sein.

Abb. 15 (Quelle: Bundesverband deutscher Banken)

Zweiganstalten der Landeszentralbanken den Instituten bei konkreten Refinanzierungsabsichten Auskunft über die Namen notenbankfähiger Wirtschaftsunternehmen, deren Handelswechsel und Kreditforderungen im ESZB refinanzierungsfähig sind.

2. Was muß bei Spar- und Kapitalanlagen beachtet oder geändert werden?

Spareinlagen, Sparbriefe und Festgelder

Befindet sich ein Teil Ihrer Ersparnisse auf einem normalen Sparkonto, auf dem Girokonto oder ist es als Festgeld oder Sparbrief angelegt, wird sich in den nächsten Jahren nichts Wesentliches für Sie ändern. Seit der Umrechnung am 1. Januar 1999 haben Sie die Möglichkeit, Ihre Giro- und Sparkonten in Euro oder D-Mark zu führen. Rein rechnerisch hat sich am Wert Ihrer Ersparnisse nichts geändert. Sie können bis zum 1. Januar 2002 weiterhin in D-Mark rechnen, falls Ihnen das lieber ist, erst dann werden alle Konten automatisch auf den Euro umgestellt.

Tip: Je früher Sie sich in allen Anlageformen mit dem Euro vertraut machen, um so schneller werden Ihnen die neuen Umrechnungskurse im öffentlichen Leben, beim Einkauf und bei der Anlage geläufig sein. Deshalb sollten Sie möglichst bald Ihre gesamten Anlagen auf den Euro umstellen.

Auch wenn sich durch die Umrechnung am Wert nichts ändert, sollten Sie prüfen, ob ein Sparbuch mit einem Sparzins (Ende 1998) von 1,5 Prozent bis zwei Prozent für eine gesetzliche Anlage auf dem Sparbuch wirklich die ideale Anlage darstellt.

Sparguthaben standen in der Rangliste der Anlageformen mit der niedrigsten Rendite schon immer am unteren Ende der Rangskala.

Das Thema »Inflation« ist derzeit zwar weitgehend verdrängt bei Inflationsraten unter einem Prozent; steigt die Inflationsrate aber, nimmt die Realverzinsung ab. Dies ist die Differenz zwischen den vereinnahmten Nominalzinsen und der Inflationsrate. Sparguthaben werden aufgrund der gezahlten Minizinsen besonders hart getroffen. Bei hohen Inflationsraten ergeben sich langfristig sogar Verluste. Das so beliebte Sparbuch war in der Vergangenheit keine gute Geldanlage und wird es bei steigender Inflationserwartung erst recht nicht sein.

Erschwerend kommt für alle Sparanlagen hinzu: Ab 1. Januar 2000 wird der Sparerfreibetrag für die Zinsabschlagsteuer halbiert! Wer dann noch sein Kapital auf Festgeldkonten und Sparbriefen angelegt hat und dabei insgesamt über 3000 D-Mark für Ledige bzw. über 6000 D-Mark für Verheiratete an Einkünften erzielt, wird noch einmal bestraft!

Alternativen, um einen kleinen Teil seiner Ersparnisse zu

parken (nicht um anzulegen!), bieten neben Geldmarktfonds auch Girokonten bei Direktbanken, deren Verzinsung über der von Sparbüchern mit gesetzlicher Kündigungsfrist liegt. Ihre Vorteile bei den Direktbanken: eine höhere Verzinsung für kurzfristig jederzeit verfügbares Geld und keine Begrenzung bei der Abhebung bestimmter Beträge. Durch die ständige Verfügbarkeit ergibt sich ein klarer Vorteil gegenüber Festgeldern oder Sparanlagen. Sie müssen keine gesetzliche Kündigungsfrist beachten und müssen dadurch auch keine »Strafzinsen« bezahlen, die bei einem Sparbuch mit gesetzlicher Kündigungsfrist anfallen, wenn Sie mehr als 3000 D-Mark monatlich abheben wollen!
Da in Zukunft Electronic Cash mehr und mehr Verbreitung finden wird und die lästige Umrechnung D-Mark/Euro beim Einkauf entfällt, sollten Sie prüfen, ob ein Konto in Verbindung mit einer Kreditkarte bei einer Kreditkartenfirma nicht die bessere Alternative zum Sparbuch ist.
Da die Kreditkarten sehr kostengünstig zu haben sind (40 bis 60 D-Mark Jahresgebühr) bzw. bei einigen Banken sogar zum Nulltarif angeboten werden, sollten Sie auf dieses Zahlungsmittel der Zukunft nicht verzichten.

Zinssätze bleiben vom Euro unberührt

Wie jeder andere Vertrag bleiben auch alle Sparverträge ebenso wie die Verzinsung von Anleihen und anderen Bundeswertpapieren mit all ihren Konditionen bestehen. Lediglich die Rückzahlung des Nominalwertes und die Zinserträge werden ab 2002 auf jeden Fall in Euro gutgeschrieben. Bis dahin bleibt Ihnen die Wahl, ob Sie sich die Beträge in D-Mark oder Euro gutschreiben lassen wollen, je nachdem, in welcher Währung Sie Ihr Konto führen lassen.

Bundeswertpapiere notieren teilweise bereits in Euro

Rentenpapiere sind bei den Bundesbürgern als sichere Anlageform sehr beliebt, denn sie bieten zwei unschlagbare Vorteile:

1. eine sichere Verzinsung, die beim Kauf bis zur Fälligkeit festgeschrieben ist,
2. die Rückzahlung des investierten Kapitals am Ende der Laufzeit.

»Wer gut schlafen will, kauft Rentenpapiere, wer gut essen will, kauft Aktien.« Wie alle Börsenweisheiten gilt auch diese nicht für alle Börsenzeiten. Gerade das Jahr 1998 hat gezeigt, daß an den Aktienmärkten die Bäume nicht in den Himmel wachsen. Da waren diejenigen Anleger auf der sicheren Seite, die ihr Kapital in Rentenpapiere angelegt hatten. Doch auch mit Rentenpapieren können Verluste eingefahren werden. Dies ist dann der Fall, wenn während der Laufzeit die Zinsen nach oben tendieren und die Rentenpapiere vor Laufzeitende verkauft werden müssen.

Für die Anlage in Rentenpapieren gilt die einfache Faustregel: Bei sinkenden Zinsen steigen die Rentenkurse, d. h. solange die Zinsen fallen, bleibt man engagiert oder kauft Papiere hinzu. Zeigt sich die Trendwende an den Zinsmärkten oder sorgen weltweite Verunsicherungen für anziehende Zinsen, wird die Wechselwirkung sichtbar: Die Kurse beginnen zu fallen und die Profis steigen aus.

Das Jahr 1998 war gekennzeichnet von einem historisch niedrigen Zinsniveau. Betrachtet man die Zinszyklen der vergangenen Jahrzehnte, wird eines deutlich: Die Zinsen sind noch nie langfristig auf ihrem Höchstniveau geblieben, andererseits sind sie aber auch noch nie über einen langen Zeitraum auf ihren Tiefstständen stehengeblieben. Für Sie als Anleger bedeutet dies, daß Sie im Rahmen der Europäischen Währungsunion sehr genau die

weitere Zinsentwicklung im Auge behalten sollten, damit Sie bei Ihrer Anlage in festverzinslichen Wertpapieren nicht auf dem falschen Fuß erwischt werden.
Die Zinskonditionen stehen bei der Emission der Papiere unabänderlich fest. Da die Angleichung des Renditeniveaus innerhalb der EU nur über den Kurs erfolgen kann, ergeben sich daraus Kursrisiken für den Käufer langlaufender Anleihen. Je länger die Restlaufzeiten der Anleihen sind, desto stärker werden sich die Renditeanpassungen auf den Kurs und damit auf den Gewinn bzw. den Verlust der Anleihen auswirken.
Diesen Risiken stehen folgende Vorteile von Bundeswertpapieren gegenüber: Das große Angebot mit unterschiedlichen Laufzeiten ermöglicht es Ihnen, den Rückzahlungstermin auf einen bzw. bestimmte Zeitpunkte zu legen.

Zur Wahl stehen:

- Finanzierungsschätze mit ein- bzw. zweijähriger Laufzeit,
- Bundesschatzbriefe mit Laufzeiten von sechs und sieben Jahren,
- Bundesobligationen mit Laufzeiten von fünf Jahren,
- Bundesanleihen mit Laufzeiten von zehn Jahren.

Für alle diese Papiere gilt, daß Sie kein Kursrisiko eingehen, wenn Sie sie bis zum Ende der Laufzeit behalten.
Bei Bundesobligationen und Bundesanleihen muß die Reaktion auf das Marktzinsniveau während der Laufzeit berücksichtigt werden. Die Rendite dieser Papiere lassen sich für mehrere Jahre im voraus berechnen und in die Gesamtkonzeption zur Anlageplanung einbeziehen.
Zu Beginn des Jahres 1999 rechnen Analysten und Fachleute noch nicht mit dramatischen Zinssteigerungen. Daher werden bei festverzinslichen Papieren Laufzeiten von drei bis zu fünf Jahren empfohlen. Sollten die Zinsen überraschend schnell anziehen, haben Sie jederzeit die

Möglichkeit, diese Papiere über die Börse zu verkaufen und neu zu disponieren.
Der Erwerb von Neuemissionen ist immer spesenfrei. Zur Vermeidung von Depotgebühren empfiehlt es sich, Bundeswertpapiere in das Bundesschuldenbuch eintragen zu lassen. Die Bundesschuldenverwaltung in Bad Homburg v. d. H. übernimmt die Verwaltung gebührenfrei.
Während der Bund seine Staatsanleihen (Bundesanleihen und Bundesobligationen) bereits seit Anfang 1999 auf den Euro umgestellt hat, sollen Bundesschatzbriefe und Finanzierungsschätze des Bundes während der Übergangsphase noch in D-Mark notiert werden.

Wie werden Bundeswertpapiere nach der Umrechnung gestückelt?

Der Informationsdienst für Bundeswertpapiere weist auf folgendes hin:

Diese beiden Papiere werden weiterhin – längstens bis zum 31. Dezember 2001 – in D-Mark ausgegeben. Mit der Umstellung auf den Euro ändert sich die Mindeststückelung für börsengehandelte Wertpapiere insofern, als sie dann ebenfalls in Euro festgelegt sind.
Im einzelnen: Bundesanleihen 1000 Euro, Bundesobligationen 100 Euro und Bundesschatzanweisungen 1000 Euro. Wer sein Anlegerkonto auch weiterhin in D-Mark führt, zahlt für diese Anleihen noch in D-Mark. Der Preis ergibt sich durch den Umrechnungskurs.
Die Gutschriften werden bis 2001 in der Währung erteilt, in der das Bankkonto geführt wird. Das gleiche gilt für Belastungen beim Neuerwerb von Wertpapieren in Euro. Auch hier wird bis 2001 in D-Mark gerechnet.
Ab dem 1. Januar 1999 lauten alle börsennotierten Bundestitel auf Euro – auch die sogenannten Altemissionen. Das sind Titel, die vor dem 31. Dezember 1998 ausgege-

ben und nach dem 20. Januar 1999 fällig werden. Ihr Nominalwert wird entsprechend dem Umrechnungskurs auf Euro umgestellt.
Die Umrechnung der Altemissionen führt nicht zu glatten Euro-Beträgen. Daher wird die bisherige Stückelung aufgegeben und die Papiere werden in genau den Euro- bzw. Cent-Beträgen gehandelt, die sich durch die Umrechnung ergeben.
Beispiel:
Ein Depot mit Bundesobligationen im Nennwert von 10 000 D-Mark lautet nach der Umstellung auf einen krummen Betrag von etwas über 5000 Euro. Die Zahlen ändern sich, der Wert nicht.

Wie werden jetzt die Stückzinsen ermittelt?

Als einen Vorteil der neuen Situation sieht es die Informationszentrale an, daß die Stückzinsen genauer ermittelt werden und dies für den Anleger eine fairere Vorgehensweise ist. Die Berechnung wird der geltenden europäischen Methode angepaßt, die die tatsächlichen Monats- bzw. Jahrestage zugrundelegt.
Der März hat dann 31 Tage, für das Jahr werden 365 (Schaltjahre: 366) Tage zugrundegelegt. Bisher wurden die Zinsen in Deutschland nach der Methode 30/360 ermittelt. Das heißt: ein Monat gleich 30 Tage, ein Jahr entspricht 360 Tagen.
In der Praxis bedeutet dies, erläutert an einem Beispiel: Bei einem Verkauf von Bundesobligationen mit einem Nominalzins von fünf Prozent und einem Wert von 5000 Euro fallen bei einem Zinstermin 12. November (ganzjährig) und Valuta 9. Februar 2000 Stückzinsen an für die Zeit vom 12. November 1999 bis zum 8. Februar 2000.
Das sind bei einer tag- und jahrgenauen Berechnung 89 Tage bei einem Zinsjahr von 366 Tagen (Schaltjahr). Also 5000 mal fünf mal 89 geteilt durch 100 mal 366 entspricht 60,79 Euro.

Eine Ausnahme sind Bundesanleihen mit variabler Verzinsung (Floater). Hier werden die Stückzinsen nach der Methode actual/360 berechnet.
Zugrunde gelegt werden also genau gezählte Monatstage, aber standardisiert Jahrestage (Zinsberechnung des europäischen Geldmarktes). Die neue Zinsberechnung gilt ebenfalls nicht für im Umlauf befindliche Finanzierungsschätze und Bundesschatzbriefe. Bei ihnen wird nach dem alten Prinzip 30/360 verfahren.
Eine weitere Änderung: Bei Floatern wird ab Anfang 1999 nicht mehr der sogenannte Fibor-Zinssatz als Referenzzins zugrundegelegt, sondern der Euribor-Zinssatz – und zwar unabhängig davon, ob es sich um Alt- oder Neuausgaben handelt. Das bedeutet, die Zinssätze basieren künftig auf Zinsen, die am Geldmarkt von führenden europäischen Banken angeboten werden. Damit erhält der Referenzzins eine breitere Basis, seine Höhe wird davon aber nicht beeinflußt.

So reagieren Anleihen und festverzinsliche Wertpapiere bei unterschiedlichem Zinsniveau auf die Euro-Einführung

Annahme: *steigende Zinsen (hohe Wahrscheinlichkeit in den kommenden Jahren)*

Bundesschatzbriefe: Die Rückzahlung wird stets zu 100 Prozent garantiert, hohe Sicherheit, da keine Kursrisiken.

Finanzierungsschätze (ein- oder zweijährige Laufzeit): Alles bleibt unverändert, da diese Papiere nicht vor Ende der Laufzeit verkauft werden können.

Bundesanleihen/Bundesobligationen mit bis zu fünfjähriger Laufzeit: Die Kurse geben zwar leicht nach, doch aufgrund der überschaubaren Laufzeit bis zur Einlösung entstehen nur geringe Kursverluste.

Bundesanleihen mit zehnjähriger Laufzeit: Aufgrund der längeren Zinsbindung ist hier mit höheren Kursverlusten als bei kürzerer Laufzeit zu rechnen (Beurteilung: bei Erwartung steigender Zinsen nicht zu empfehlen!).

Bundesanleihe mit 30jähriger Laufzeit: Diese Laufzeiten werden immer dann gegeben, wenn der Bund als Emittent damit rechnet, daß das Zinsniveau seinen Boden gefunden hat. Aufgrund der langen Laufzeit sind hohe Kursverluste vorprogrammiert. Hände weg!

Pfandbriefe mit fünfjähriger Laufzeit: Hier gilt das gleiche wie bei Bundesanleihen, jedoch liegt die Rendite von Pfandbriefen traditionell etwa 0,2 Prozent über der von Anleihen.

Geldmarktfloater: bei steigenden Zinsen eine ideale Anlageform, da die Rendite mit dem Zinsniveau nach oben geht.

Kapitalmarktfloater: Da sich diese Papiere an den Langfristzinsen orientieren, ist das Kursrisiko bei steigenden Zinsen besonders hoch. Hände weg!

Step-up-Anleihen: Diese Papiere sind von der Konstruktion her vergleichbar mit Bundesschatzbriefen, doch behalten sich die Emittenten (in der Regel Kreditinstitute) ein Kündigungsrecht vor. Deshalb auf die Ausstattungsbedingungen achten. Die Zinsen steigen nach der vertraglich vereinbarten Zeit.

Annahme: gleichbleibende Zinsen (hohe Wahrscheinlichkeit auf kurze Sicht, mittlere Wahrscheinlichkeit auf längere Sicht)

Bundesschatzbriefe: Die Verzinsung richtet sich nach den Marktzinsen. Da monatlich bis zu 10 000 D-Mark zurückgegeben werden können, bleiben Sie als Anleger flexibel und können auf Zinsänderungen reagieren.

Finanzierungsschätze: marktgerechte, jedoch niedrige Verzinsung. Zinshöhe wird von Zeit zu Zeit an Marktzins angepaßt. Während der Laufzeit keine Veränderung möglich. In der Regel höhere Rendite als Festgeldanlagen mit gleicher Laufzeit.

Bundesanleihen/Bundesobligationen mit bis zu fünfjähriger Laufzeit: sichere, aber renditearme Anlage. Bei unverändertem Zinsniveau nur als Beimischung zu einem Gesamtdepot geeignet.

Bundesanleihen mit zehnjähriger Laufzeit: attraktive Rendite, wenn Zinsen gleich bleiben. Markt beobachten, bei Gefahr steigender Zinsen rechtzeitig aussteigen!

Bundesanleihe mit 30jähriger Laufzeit: Lange Laufzeiten versprechen die höchsten Renditen. Eignet sich jedoch nur dann, wenn Anleger bereit sind, Zinszyklen auszunutzen. Kaufen bei fallenden Zinsen, verkaufen bei steigenden Zinsen!

Pfandbriefe mit fünfjähriger Laufzeit: absolut sichere Anlage mit etwas höherer Verzinsung als gleichlanglaufende Anleihen.

Geldmarktfloater: da Geldmarktsätze derzeit noch niedrig, Einstiegszeitpunkt abwarten, bis sich höhere Zinsen ankündigen.

Kapitalmarktfloater: höhere Rendite als bei Geldmarktfloatern, aber stärkere Reaktion bei Zinsänderungen.

Step-up-Anleihen: Da die Zinsschritte nach oben zeitlich festgelegt sind, kassiert der Anleger Renditen, die etwas über dem Marktniveau liegen können.

Annahme: sinkende Zinsen (geringe Wahrscheinlichkeit, daß kurzfristige Zinssenkungen möglich sind, langfristig muß in der EU eher wieder mit steigenden Zinsen gerechnet werden)

Bundesschatzbriefe: Da die Zinsen für die gesamte Anlagedauer in Zinsschritten festgelegt sind, können keine Kursgewinne erzielt werden. Sichere, aber langweilige Anlage.

Finanzierungsschätze: Festgeschriebenes Zinsniveau über ein bzw. zwei Jahre schützt vor Zinsverlusten, die bei Festgeldzinsen oder Spareinlagen eintreten.

Bundesanleihen/Bundesobligationen mit bis zu fünfjähriger Laufzeit: Geringe Kursgewinne sind bei vorzeitigem Verkauf möglich. Damit Steigerung der Emissionsrendite erzielbar.

Bundesanleihen mit zehnjähriger Laufzeit: gehören zu den Gewinnern. Hohe Kursgewinne plus entsprechende Nominalverzinsung machen diese Papiere bei fallenden Zinsen zu einer attraktiven Anlage.

Bundesanleihe mit 30jähriger Laufzeit: der Turbo unter den Anleihen. Sehr hohe Kursgewinne, die bei entsprechendem Ausstieg steuerfrei realisiert werden können. Hier unbedingt Zinszyklus ausnutzen!

Pfandbrief mit fünfjähriger Laufzeit: wird in der Regel nicht vor Laufzeit verkauft. Leichter Kursanstieg möglich.

Geldmarktfloater: ein schlechtes Geschäft. Bei sinkenden Zinsen nicht zu empfehlen, da die Rendite fällt und eine Wiederanlage nur zu niedrigeren Zinsen möglich ist.

Kapitalmarktfloater: etwas besseres Abschneiden als bei Geldmarktfloatern, doch gegenüber Anleihen immer noch die schlechtere Wahl.

Step-up-Anleihen: ein gutes Geschäft für den Anleger, ein schlechtes Geschäft für den Emittenten, der aufgrund der Emissionsbedingungen höhere Zinsen zahlen muß, auch wenn Zinsen am Kapitalmarkt fallen. Unbedingt Kündigungsmöglichkeiten beachten!

Auch zukünftig Verwahrung von Bundeswertpapieren bei der Bundesschuldenverwaltung möglich

Für alle Bundeswertpapiere – dazu zählen neben den genannten auch Schatzanweisungen des Bundes und seiner Sondervermögen und der Deutschen Ausgleichsbank – gilt: Entweder die gekauften Papiere werden auf Ihr Depot übertragen und Sie zahlen die entsprechende Depotgebühr am Ende des Jahres oder Sie beantragen die kostenfreie Eintragung ins Bundesschuldbuch bei der Bundesschuldenverwaltung. Dort können die Papiere zwar nicht erworben, aber kostenfrei verwahrt werden. Das Schuldbuchgeheimnis gilt ebenso wie das Bankgeheimnis, da die Bundesschuldenverwaltung Dritten gegenüber – dazu zählen auch Finanzbehörden – keine Auskunft über den Inhalt des Schuldbuchs erteilen darf.

Für Sie bringt diese Verwahrung zwei Vorteile mit sich: Neben der Ersparnis der Depotgebühr werden auch die Zins- und Kapitalübertragungen auf Ihr Konto bei der Hausbank ohne Abzug von Spesen vorgenommen. Bereits beim Kauf verlangen Sie von Ihrem Kreditinstitut die spesenfreie Eintragung ins Bundesschuldenbuch. Wenn Sie bereits ein Schuldbuchkonto haben, werden die neuerworbenen Papiere gebührenfrei auf das Schuldbuchkonto übertragen.

Wenn Sie nachträglich Bundeswertpapiere vom Depot auf das Bundesschuldbuch übertragen lassen wollen, ist dies möglich, jedoch wird Ihre Bank die für die Übertragung sammelverwahrter Wertpapiere üblichen Gebühren verlangen.

Beim Verkauf von börsennotierten Bundeswertpapieren über die Bundesschuldenverwaltung sollten Sie folgendes beachten: Aufträge zum Verkauf von Bundeswertpapieren werden auch weiterhin durch die Deutsche Bundesbank in Frankfurt/Main ausgeführt. Die Abrechnung erfolgt zum Kurs der Frankfurter Wertpapierbörse vom

Tag des Auftragseingangs bei der Deutschen Bundesbank. Kurslimite werden nicht berücksichtigt. Verkaufsaufträge werden aus abrechnungstechnischen Gründen während der letzten 15 Geschäftstage vor einer Zinsfälligkeit nicht ausgeführt.
Zur Erleichterung einer Kontoregelung im Todesfall sollte neben dem Inhaber eine zweite Vertrauensperson eingetragen werden, die im Falle des Ablebens des Inhabers für die Erben über das Schuldbuchkonto verfügen kann. Diese Benennung einer zweiten Person bedeutet keine Erbeinsetzung und kann jederzeit widerrufen werden. Einzelheiten darüber sowie über die Tätigkeit der Bundesschuldenverwaltung erfahren Sie bei:

Bundesschuldenverwaltung
61342 Bad Homburg v. d. H.
Tel. 06172/108-0

Welchen Einfluß hat der Euro auf die Renditen der Rentenpapiere?

Die Attraktivität des Euro als Anlagewährung wird im Vergleich zur D-Mark entscheidend gestärkt, nachdem der Euro-Anleihemarkt die nationalen Rentenmärkte in Europa abgelöst hat. Das Volumen des Rentenmarktes der EWU-Staaten betrug etwa knapp 50 Prozent des US-Dollar- und 130 Prozent des Yen-Anleihemarktes. Damit wird sich für private und institutionelle Anleger ein großer Finanzmarkt eröffnen, der eine Alternative zum Dollarmarkt bieten wird. Ein großer Vorteil gegenüber dem europäischen Markt wird die wesentlich größere Liquidität entlang des gesamten Laufzeitspektrums sein. Der Anleihemarkt wird von den Staatsanleihen der teilnehmenden Staaten dominiert. Hochliquide staatliche Anleihen, die zu den niedrigsten Renditen begeben werden können, werden als Benchmark auf dem Rentenmarkt benutzt, d. h. als Maßstab, an dem sich die Preisge-

staltung anderer Anleihen mit entsprechenden Renditeaufschlägen orientiert.
Mit der Einführung des Euro gibt es für die teilnehmenden Länder einen gemeinsamen Euro-Zins. Dennoch werden die Renditen der Staatsanleihen teilnehmender Staaten auch weiterhin gewisse Zinsdifferenzen bei gleicher Laufzeit aufweisen, da sich Kreditrisiken, Liquidität, steuerliche Faktoren und Abwicklungstechniken noch unterscheiden. An die Stelle der ehemals höherverzinslichen Papiere südeuropäischer Staaten werden andere Segmente treten. Die Nachfrage nach solchen Anleihen hat sich entweder auf Staaten außerhalb der EWU orientiert oder auf andere Segmente verlagert.
Kennzeichnend für die Rentenstrategie der vergangenen Jahre waren die Zinsdifferenzen zwischen den Euro-Beitrittskandidaten. Wer mit Rentenanlagen künftig überdurchschnittliche Renditen erzielen will, muß neue Strategien und in größerem Umfang auch neue Produkte einsetzen.
Höhere Erträge werfen beispielsweise Unternehmensanleihen ab.
Dieses in Europa noch sehr kleine Marktsegment dürfte auch für den Privatanleger an Attraktivität gewinnen. Es bietet bei etwas höherem Risiko höhere Renditen als Staatsanleihen.
Darüber hinaus werden sich neue Konvergenzprozesse in Europa ergeben. Eine Schlüsselkomponente für die Bewertung von Randländer-Anleihen wird der Grad der wirtschaftlichen und politischen Annäherung dieser Staaten an die Euro-Mitglieder sein. Auf welchem Niveau sich letztlich die Zinsen entsprechend der jeweiligen Konjunkturphase einpendeln werden, hängt von der Stabilität und Akzeptanz der neuen Währung Euro ab. Je rascher und nachhaltiger die Europäische Zentralbank Vertrauen schaffen kann, desto eher werden die Renditen dazu tendieren niedriger zu sein. Mehr Vertrauen bedeutet gleichzeitig auch eine größere Breite, Tiefe und

Liquidität des Euro-Anleihemarktes, die sich ihrerseits in längerfristig geringeren Transaktionskosten niederschlagen sollten.

Neue Produkte am Euro-Rentenmarkt

Europas Finanzmärkte konkurrieren mit neuen Produkten auf dem Euro-Markt. Im Wettbewerb um die Vorherrschaft haben die Finanzzentren Frankfurt und Paris fast zeitgleich sogenannte »stripped« und inflationsindexierte Anleihen emittiert. Beim »Stripping« werden die Kupons von der Anleihe getrennt und als eigene Wertpapiere gehandelt. Damit entstehen zwei Arten von Null-Kupon-Bonds, die wie alle Null-Kupon-Anleihen stärker auf Zinsänderungen reagieren als Kupon-Anleihen. Diese sog. Zero-Bonds sind für Privatanleger bei entsprechendem Zinsumfeld deshalb interessant, weil sie es erlauben, einen Teil der Steuerlast zeitlich zu verschieben.

Inflationsindexierte Anleihen sind in Deutschland noch nicht zugelassen. Sie sichern unabhängig von der jeweiligen Inflationsrate eine fixe reale Rendite und eignen sich deshalb speziell für Pensionskassen, da sie die realen Ansprüche absichern helfen und praktisch keine Kursrisiken aufweisen.

Immer häufiger werden auch Forderungen beispielsweise aus Autokrediten oder Kreditkarten zusammengelegt und als Wertpapiere verbrieft. Im Fachjargon heißen sie Asset-back-Anleihen. Das Risiko der ihnen zugrundeliegenden Forderungen läßt sich anhand historischer Daten recht genau berechnen. Deshalb eignen sich diese Anleihen in erster Linie für Investoren, die ein geringes Kreditrisiko bevorzugen. Mit vergleichsweise niedriger Bonitätseinstufung, aber höheren Renditen warten Unternehmensanleihen auf. Dieses Marktsegment ist noch klein: Deutsche Firmen beispielsweise finanzieren sich noch zu 70 Prozent über Bankkredite.

Zahlreiche Unternehmen haben aber eine Bonitätsbewertung in Auftrag gegeben. Künftig dürften mithin viele von ihnen ihren Finanzierungsbedarf günstiger direkt am Markt decken.
Noch in den Kinderschuhen steckt in Europa das Segment der Wandelanleihen. Wegen ihrer individuellen Gestaltung und komplexeren Bewertung dürften sie einem kleinen Anlegerkreis vorbehalten bleiben.
Insgesamt gewinnt der europäische Anleihenmarkt durch den Euro an Breite, Tiefe und Liquidität. Stärkere Standardisierung und eine größere Vielfalt an derivativen Produkten sind die Folge. Dem Privatanleger ermöglicht dies ein besser auf seine individuellen Bedürfnisse zugeschnittenes Portfolio.

Auch in der EWU gilt: Ratingstufen bei der Anlage in internationalen Rentenpapieren beachten!

Während der Asienkrise sind die beiden größten Rating-Agenturen Moodys und Standard & Poor's kritisiert worden. Während deutsche Banken im Ranking von den Agenturen herabgestuft wurden, blieben amerikanische Banken davon verschont. Das ließ Zweifel an der Unabhängigkeit und der Seriosität dieser Agenturen aufkommen. Banken haben darauf hingewiesen, daß auf dem weltumspannenden Markt, auf dem Anleihen im Gesamtwert von über 21 Billionen US-Dollar gehandelt werden, Investoren und Schuldner gleichermaßen auf eine objektive Einschätzung der Risiken angewiesen seien. Nur mit einem Rating gelingt es Unternehmen und Schwellenländern, neue Investorenkreise zu erschließen. Je besser deren Rating ausfällt, desto weniger Zinsen müssen sie bezahlen.
Auch innerhalb der EWU-Teilnehmer wird es trotz eines einheitlichen EU-Leitzinses bei den Anleihen verschiedene Zinsniveaus aufgrund der unterschiedlichen Bonitätseinstufung geben. Deshalb sollten Anleger auch

Die Rating-Symbole von Standard & Poor's (S&P) und Moody's		
Bonitätsbewertung	**Rating-Symbol**	
	Moody's	**S & P**
Sehr gute Anleihen	**Aaa**	**AAA**
Beste Qualität, geringstes Ausfallrisiko		
Hohe Qualität, aber etwas größeres Risiko	**Aa1**	**AA+**
als die Spitzengruppe	**Aa2**	**AA**
	Aa3	**AA-**
Gute Anleihen		
Gute Qualität, viele gute Investmentattribute, aber auch Elemente,	**A1**	**A+**
die sich bei veränderter Wirtschaftsentwicklung negativ auswirken	**A2**	**A**
können	**A3**	**A-**
Mittlere Qualität, aber mangelnder Schutz gegen die Einflüsse	**Baa1**	**BBB+**
einer sich verändernden Wirtschaftsentwicklung	**Baa2**	**BBB**
	Baa3	**BBB-**
Spekulative Anleihen		
Spekulative Anlage, nur mäßige Deckung für Zins- und	**Ba1**	**BB+**
Tilgungsleistungen	**Ba2**	**BB**
	Ba3	**BB-**
Sehr spekulativ, generell fehlende Charakteristika eines	**B1**	**B+**
wünschenswerten Investments, langfristige Zinszahlungs-	**B2**	**B**
erwartungen gering	**B3**	**B-**
Junk Bonds (hochverzinslich, hochspekulativ)		
Niedrigste Qualität, geringster Anlegerschutz	**Caa 1,2,3**	**CCC**
In Zahlungsverzug oder in direkter Gefahr des Verzugs	**Ca**	**C**
	C	**C**

Abb. 16

zukünftig die Relation zwischen Bonitätseinstufung und Rendite genau beachten!

Die Renditen der Staatsanleihen teilnehmender Staaten werden auch weiterhin gewisse Zinsdifferenzen bei gleicher Laufzeit aufweisen, da sich Kreditrisiken, Liquidität, steuerliche Faktoren und Abwicklungstechniken unterscheiden. An die Stelle der ehemals höherverzinslichen Papiere südeuropäischer Staaten werden andere Segmente treten. Die Nachfrage nach solchen Anleihen hat sich schon entweder auf Staaten außerhalb der EWU konzentriert oder auf andere Segmente wie z. B. die genannten Unternehmensanleihen verlagert. Gerade bei diesen Papieren gilt, ganz besonders auf die Bonität des Schuldners zu achten, da zwar eine Länderanleihe in den vergangenen Jahrzehnten noch nie notleidend wurde, es jedoch immer wieder Industrieanleihen gab, bei denen der Anleger letztendlich leer ausging.

Was geschieht nach 2002 mit Gedenkmünzen (gesetzliche Zahlungsmittel)?

Für den Finanzminister bot die Herausgabe von Gedenkmünzen zuerst als Fünf-D-Mark-, später als Zehn-D-Mark-Münzen die Möglichkeit, Geld zu prägen, das nicht in den Umlauf kam. Denn obwohl diese Münzen als gesetzliches Zahlungsmittel gelten, verschwanden sie grundsätzlich in den Alben der Münzsammler.
Noch ist nicht entschieden, ob später in ähnlicher Weise besondere Euro-Gedenkmünzen geprägt werden sollen. Alle Münzen dieser Art, die bereits im Vorfeld unter dem Begriff »Euro« erschienen sind, dienten lediglich gewieften Geschäftemachern dazu, unerfahrenen Bürgern vorzugaukeln, sie hätten bereits gültige Euro-Münzen erworben. Der Sammlerwert dieser Münzen – falls überhaupt vorhanden – dürfte sich als sehr gering herausstellen.
Anders die Sammlermünzen, die bereits heute abhängig von Emissionshöhe, Ausgabedatum und Zustand einen hohen Wert besitzen. Sie werden ab dem Jahr 2002 ihre Eigenschaft als gesetzliches Zahlungsmittel verlieren. Das dürfte aber den Sammlerwert wenig beeinträchtigen. Sie können auch zukünftig zum Nominalwert bei allen Landeszentralbanken und bei der Bundesbank in Euro eingetauscht werden.

Lohnen sich Kapitalanlagen in Gold?

Der Glanz des Goldes ist in den letzten Jahren immer mehr verblaßt. Lange ist es her, daß der Höchstpreis von 800 Dollar je Unze die Goldanhänger zum Jubeln veranlaßte. Doch seit dem Höchstkurs 1980/81 ging es mit einigen Kursausschlägen immer nur in eine Richtung: nach unten.

Gold leidet unter dem Nachteil, daß es keine Zinsen oder Renditen erbringt. Eine mögliche Rendite ergibt sich nur, wenn die Goldpreise steigen. Seinen Ruf als sicherer Hafen hat das Gold seit längerem verloren. Hohe Inflationsraten, der Ölschock oder die Krise in Afghanistan haben das Vertrauen der Anleger erschüttert. Weltwirtschaftliche Krisen wie in Asien oder Rußland sorgen auch heute noch für Verunsicherung an den Aktienmärkten, doch Gold konnte davon nicht profitieren.

Kapitalanlagen in Gold sind immer dann gesucht, wenn weltweit die Inflationsraten anziehen. Davon war in den Jahren 1997 und 1998 nichts zu sehen. Häufiger als die Angst vor einer drohenden Inflation war die Angst zu spüren, es könnte zu einer Deflationsspirale kommen. Aber auch diese Gefahr scheint nach den Krisen in Asien und Rußland zumindest beherrschbar zu sein. Bei einer europaweiten Inflationsrate, die in der Bundesrepublik unter einem Prozent und in anderen Euro-Ländern zwischen einem und zwei Prozent lag, war mit Gold nichts zu verdienen. Ganz im Gegenteil, der Goldpreis sank auf Tiefstständе von 270 Dollar je Feinunze und enttäuschte damit alle Anhänger des gelben Metalls, die gehofft hatten, Gold könnte von den Wirtschaftskrisen in Asien oder Rußland profitieren.

Eine Furcht vor Kaufkraftverlusten, die in der Vergangenheit die Anleger zum gelben Metall geführt hat, ist weit und breit nicht in Sicht. Notenbanken und Staaten verkaufen Gold, wenn sie Liquiditätsprobleme haben und aufgrund niedriger bilanzierter Goldpreise auf dem

Markt Buchgewinne verzeichnen können. Mitverantwortlich für den Rückgang des Goldpreises war die Währungspolitik der europäischen Notenbank, die im Vorfeld der EWU verstärkt Gold am freien Markt verkaufte. Zum einen haben sich damit etliche Länder zusätzliche Liquidität verschafft, um einen Teil der vorhandenen Staatsschulden zu tilgen und auf diese Weise dem Konvergenzkriterium Staatsverschuldung näherzukommen. Zum anderen werden von der EZB zukünftig geringere Goldreserven als bisher für notwendig gehalten, so daß die vorhandenen Reserven der einzelnen Länder weiter auf den Markt gelangen können. In welchem Maße sich die EU-Länder auch zukünftig von Goldreserven trennen werden, bleibt ungewiß und bildet damit im Hinblick auf den Goldpreis einen Unsicherheitsfaktor.
Während Gold traditionell in unsicheren Zeiten als »safe haven« galt, haben Anleger in den vergangenen Jahren ihr Geld lieber in Anleihen und Aktien angelegt. Seit der Abwertung des russischen Rubels und der Regierungskrise in Moskau haben Gerüchte über anstehende Verkäufe von Goldreserven den Markt belastet. Zusätzliche Befürchtungen, daß Krisenländer in Ostasien, Osteuropa und Lateinamerika ihre Goldreserven verkaufen könnten, gaben dem Goldpreis keine Chance zum Anstieg über die 300-Dollar-Marke.
Doch gibt es einige Analysten, die darauf hinweisen, daß in den kommenden Jahren Gold durchaus wieder interessant werden könnte. So machen die Fachleute von Goldfields Mineral Services darauf aufmerksam, daß das Verhältnis von Angebot und Nachfrage einen steigenden Goldpreis rechtfertigen würde. Auf der Nachfrageseite hat die Schmuckindustrie im Jahr 1997 einen Rekord von 3200 Tonnen gemeldet, und bei der Nachfrage der Elektronikindustrie war eine Steigerung von elf Prozent zu verzeichnen. Auf der Angebotsseite meldet die Minenproduktion eine Förderung von nur 2400 Tonnen. Aufgrund des gesunkenen Goldpreises hatten etliche Minen

die Förderung eingestellt, so daß auf der Angebotsseite wenig Spielraum für steigende Förderungsmengen besteht.
Bei steigenden Zinsen hat das zinslose Gold als alternative Geldanlage wenig Chancen. Von daher ist eine Anlage in physischem Gold wie Goldbarren und Goldmünzen sicherlich auch in den kommenden Jahren eine weniger sinnvolle Alternative zu den Angeboten der Kapitalmärkte.
Sollte der Goldpreis in den kommenden Jahren wieder anziehen, würden Goldminengesellschaften, bei denen die Produktionskosten in einem vernünftigen Verhältnis zum Goldpreis stehen, zu den Profiteuren gehören. Unter dem Aspekt der Risikoverteilung und der internationalen Diversifikation könnte eine Beimischung einer guten Goldminengesellschaft in ein Gesamtportfolio durchaus Sinn haben. Bei gut gewähltem Timing und einem gelegentlichen Umschichten je nach Wertentwicklung sind mit Goldminenwerten die Chancen, von einem Goldpreisanstieg zu profitieren am besten.
Zurückhaltend werden Investments in südafrikanischen Minen beurteilt. Neben dem geringen Goldgehalt von etwa 5 Gramm pro Tonne Erz sind es die hohen Produktionskosten, die zu unbefriedigenden Ergebnissen und niedriger Produktivität führen. Kennzeichen, die gute von weniger guten Gesellschaften unterscheiden, sind neben den Produktionskosten die noch vorhandenen Goldreserven und ein erfahrenes Minenmanagement. Die kanadischen Minengesellschaften werden daher als eher geeignete Langfristanlage angesehen. Die Nummer eins der kanadischen Minen ist der Goldkonzern Barrick Gold, der neben einem gesunden Gewinnwachstum und niedrigen Produktionskosten auch erfolgversprechende Explorationen in China und Südamerika betreibt. Neben Barrick Gold zählen Standardwerte wie Placer Dome, Newmont Mining oder Homestake Mining zu den »Blue chips« (Aktien höchster Qualität) auf dem

Kurszettel. Die rückläufigen Goldpreise haben teilweise zu kräftigen Kursverlusten geführt. Oft sind es Werte aus der zweiten Reihe, die noch stärker anziehen. Sogenannte Grenzminen, die gerade noch profitabel arbeiten oder deren Kosten gerade noch gedeckt sind, steigern bei höheren Erlösen ihren Gewinn überproportional. Doch gilt auch hier: Wer mit Gold Geld verdienen will, braucht einen langen Atem. Erst wenn die Inflationsrate wieder auf dem Vormarsch und die Währungspolitik der Notenbanken eindeutig geklärt ist, werden einem Goldpreisanstieg wieder bessere Chancen eingeräumt.

Was verändert sich ab 1999 bei der staatlichen Förderung?

Mit Bausparen und Investmentfonds können die Anleger ab dem 1. Januar 1999 eine verbesserte Förderung bis jährlich maximal 707 D-Mark (in Ostdeutschland bis maximal 787 D-Mark) erzielen. Die Reform der Vermögensbildung ermöglicht es Arbeitnehmern, vermögenswirksame Leistungen in Höhe von 1736 D-Mark pro Jahr zulagenbegünstigt anzulegen, davon 936 D-Mark in Bausparverträgen mit einem Fördersatz von unverändert 10 Prozent. Zusätzlich können Arbeitnehmer 800 D-Mark in Beteiligungswerte wie Aktienfonds mit einem erhöhten Fördersatz investieren. Die Zulage beträgt ab 1999 bei Aktienfonds 20 Prozent in Westdeutschland und 25 Prozent in den neuen Bundesländern. Auf diese Weise sollen nach dem Willen des Gesetzgebers weitere Bevölkerungskreise zusätzlich an die Vermögensanlage in Produktivkapital herangeführt werden.

Weiterhin werden die Einkommensgrenzen von 27 000/54 000 D-Mark für Alleinstehende/Verheiratete ab 1999 auf 35 000/70 000 D-Mark angehoben. Auf diese Weise erhalten drei Millionen Arbeitnehmer zusätzlich Anspruch auf Arbeitnehmersparzulage. Für den dritten Fördertopf der Wohnungsbauprämie gelten unverändert die

Einkommensgrenzen von 50 000 D-Mark/100 000 D-Mark für Alleinstehende bzw. Verheiratete. Sämtliche Einkommensgrenzen beziehen sich auf das zu versteuernde Einkommen.

Kapital-Lebensversicherungen und private Rentenversicherungen: Empfehlenswerte Anlagen in Euroland?

Von den Versicherungsgesellschaften als wichtigste Anlage für die private Altersversorgung propagiert, von den Gegnern als wenig rentable Sparform mit vielen Schwächen verurteilt, steht die Kapital-Lebensversicherung immer wieder im Kreuzfeuer der Meinungen.
Im Hinblick auf den Euro ist zunächst festzustellen: Nur wegen der EWU eine Änderung vorzunehmen, macht weder bei Lebensversicherungen noch bei Rentenversicherungen einen Sinn. Wer sich schon vor einigen Jahren festgelegt hat, seine Altersvorsorge mit Hilfe einer KLV oder einer Rentenversicherung vorzunehmen, muß allein wegen des Euro keine Änderungen vornehmen. Zu bedenken ist, daß sich jeder, der eine KLV abschließt, oft für Jahrzehnte festgelegt hat. Vielen Kunden wird das erst bewußt, wenn sie darauf hingewiesen werden, daß möglicherweise eine Anlage in einem Aktien-Fonds in Verbindung mit einer Risiko-Lebensversicherung für sie rentabler ist.
Eine Kündigung muß oft teuer bezahlt werden, weil der Rückkaufswert bei einem vorzeitigen Vertragsende in vielen Fällen gerade mal das eingezahlte Kapital erreicht – von einer Rendite ganz zu schweigen. Einen Ausstieg nur wegen des Euro vorzunehmen ist nicht empfehlenswert; aus Renditegesichtspunkten ist ein solcher Schritt dagegen eher zu überlegen, wie spätere Beispiele zeigen. Lebensversicherungen sind für viele Anleger deshalb attraktiv, weil ihre Erträge nach einer Laufzeit von mehr als zwölf Jahren steuerfrei sind. Wer vorher kündigt, muß also die Zinsen versteuern.

Möglicherweise Senkung des Garantiezinses auf 3,5 Prozent oder drei Prozent

Ins Zentrum der Aufmerksamkeit sind Kapital-Lebensversicherungen Ende 1998 wieder geraten, weil möglicherweise der garantierte Rechnungszins von bisher vier Prozent auf 3,5 Prozent oder gar auf drei Prozent gesenkt werden könnte, was die Rendite vieler Verträge um einiges schmälern würde. Bei einer durchschnittlichen Bindungsdauer von etwa 27 Jahren für eine Kapitallebenspolice ist dies ein gewichtiges Argument, bessere Alternativen ins Auge zu fassen.

Der Präsident des Bundesaufsichtsamts für das Versicherungswesen wies Ende 1998 darauf hin, daß für Neuabschlüsse spätestens ab dem Jahr 2000 eine Senkung bevorstehe. Schuld daran seien das niedrige Zinsniveau und die Berechnungsformel für den Garantiezins. Laut Deckungsrückstellungsverordnung dürfen Lebensversicherer maximal 60 Prozent des gleitenden Zehnjahresdurchschnitts der Umlaufrendite öffentlicher Anleihen garantieren.

Die Umlaufrendite wird börsentäglich von der Bundesbank errechnet und entspricht dem Durchschnitt der Kupons von Staatsanleihen. Ende 1998 lag dieser Wert gerade bei vier Prozent, entsprach also dem aktuellen Garantiezins.

Ein Vorteil dieser Garantie: Nur bei Lebensversicherungen gibt es diese langfristige Garantie für Gelder, die noch nicht eingezahlt wurden. Doch spielte diese Garantie in der Vergangenheit nie eine Rolle. Daher werden nur sehr ängstliche Anleger den Garantiezins als Anlageargument für eine Kapitallebensversicherung ansehen.

Viel wichtiger ist die Rendite, und da müssen die Gesellschaften gegenüber den anderen Anlageformen am Kapitalmarkt noch einiges aufholen.

Für laufende Verträge gilt: Sie dürfen nicht geändert werden, alle Kunden, die eine KLV haben, behalten ihren Garantiezins.

Abschluß in Fremdwährungen sind unrentabel und riskant

Für die Umrechnung in den Euro gelten folgende Regelungen: Prämienrechnungen, die garantierten Versicherungsleistungen und die Überschußbeteiligungen werden spätestens 2002 auf den Euro umgestellt. Sicherheit, Rentabilität und realer Wert der bestehenden Altverträge bleiben dabei in vollem Umfang garantiert.

Lohnt es sich beim Abschluß einer Lebensversicherung, der Währungsunion durch eine Police in Fremdwährungen, z. B. dem Schweizer Franken auszuweichen?
Abgesehen davon, daß bereits 1998 etliche Stimmen auch von Schweizer Seite laut wurden, daß die Schweiz sich auf längere Frist dem Beitritt in die EWU nicht verschließen könne, gilt vorerst noch, das Risiko von Wechselkursverlusten bei Fälligkeit der Versicherungssumme zu beachten. Policen in Schweizer Franken mögen für viele eine besondere Sicherheit bieten, aber das Nachrechnen wird dann die Interessenten wieder ernüchtern. Grundsätzlich gilt für die Kapitalanlage in der Schweiz, daß von jeher die Rendite langlaufender Staatspapiere etwa zwei Prozent unter der Rendite deutscher Papiere lag. Dazu kommt das Wechselkursrisiko des Schweizer Franken, das bei einem schwachen Frankenkurs bei Laufzeitende die Rendite nochmals schmälern würde. Sicherheit kostet Geld, deshalb würde sich eine Police in Schweizer Franken im Hinblick auf ein mögliches Währungsrisiko nicht rechnen.
Wer seine Lebensversicherung in D-Mark abgeschlossen hat, braucht seine Dispositionen wegen des Euro nicht zu verändern.
Dennoch müssen gerade bei der Altersvorsorge mit einer Kapitallebensversicherung in der Währungsunion einige wichtige Faktoren beachtet werden. Mit der Halbierung des Sparerfreibetrages werden sicherlich etliche Versi-

cherungsvertreter ein neues Argument finden, die KLV als besonders günstige, weil (derzeit) noch steuerfreie Anlage zu propagieren.
Finanzzeitschriften wie *DM, Capital* oder *Finanztest* weisen in vergleichenden Untersuchungen immer wieder auf Stärken und Schwächen der Kapital-Lebensversicherung hin. Auch wenn diese Rankings von den Versicherungsgesellschaften gerne kritisiert werden, bieten sie dennoch für den Interessenten einige wichtige Anhaltspunkte für seine Entscheidung.
Dazu drei Beispiele (*Capital/Finanztest*): Ein Vertreter hatte einer 64jährigen Seniorin eine Lebensversicherung mit einer Laufzeit bis zum 85. Lebensjahr verkauft. Die Frau erhielt bei Ablauf 3665,70 D-Mark, obwohl sie 3780 D-Mark eingezahlt hatte. Ein anderer Versicherter erhielt nach 32 Jahren seine Police ausbezahlt, deren Rendite bei 3,86 Prozent lag. Einer der Gründe: Er hatte auch eine Zusatzversicherung für den Fall des Unfalltods abgeschlossen. Noch schlimmer traf es einen Versicherten, der 17 Jahre lang jedes Vierteljahr für seine Kapital-Lebensversicherung mit der Versicherungssumme von 30 000 D-Mark eingezahlt hatte und zu seinem 65. Geburtstag eine stattliche Summe zur Absicherung seines Ruhestandes erwartete. Mit Vorausbonus, Risiko- und Zinsüberschußanteilen wurde er während der Laufzeit bei Laune gehalten. Doch am Ende erhielt er nicht einmal eine Summe in Höhe seiner eingezahlten Beiträge. Die Rendite betrug minus 0,36 Prozent.
Der Grund für das enttäuschende Ergebnis: Er hatte eine Zusatzversicherung für den Fall der Berufsunfähigkeit abgeschlossen und einen doppelten Todesfallschutz vereinbart, was die Rendite kräftig drückte.
Dies sind nur drei von vielen Beispielen, bei denen sich die Kapital-Lebensversicherung als enttäuschende Anlage herausstellte. Dies soll nicht grundsätzlich dazu führen, diese Form der Altersvorsorge zu verteufeln, doch besonders bei so langen Laufzeiten muß vor dem

Abschluß eine gründliche und umfassende Beratung stattfinden.
Solange ein Großteil der Verträge von Bekannten, Freunden oder Arbeitskollegen vermittelt wird, die ihre Kenntnisse auf einem Abendseminar einer Versicherungsgesellschaft erworben haben, wird sich an diesen enttäuschenden Ergebnissen nichts ändern.
Um von Anfang an Enttäuschungen zu vermeiden, sollten Sie folgendes beachten: verschiedene Angebote prüfen, ausführliche Beratung von einem erfahrenen Fachmann in Anspruch nehmen, die Kapital-Lebensversicherung als einen möglichen Baustein innerhalb einer Gesamtanlage betrachten, einen Versicherungsmakler oder unabhängigen Berater zu Hilfe nehmen und sich selbst die Frage stellen, ob es nicht sinnvoller ist, Sparen und Absichern durch unterschiedliche Verträge zu trennen.
Als Grundlage der Überlegungen sollten hier wie bei allen anderen Anlageentscheidungen die vier Ziele des »magischen Anlagevierecks« im Mittelpunkt stehen. Nur wenn diese auch mit Ihren persönlichen Zielen übereinstimmen, sollte eine Entscheidung zugunsten einer KLV fallen. Wie steht es um Sicherheit, Rendite, Liquidität und Steuerminderung dieser Anlageform?
Sicherheit ist insofern vorhanden, als das Bundesaufsichtsamt für das Versicherungswesen über die Lebensversicherer wacht und dafür sorgt, daß im Todesfall die Versicherungssumme und im Erlebensfall die Mindestsumme ausgezahlt wird. Es gilt, daß bei der Rendite hohe Sicherheiten mit entsprechend niedrigeren Renditen Hand in Hand gehen. Die Beispiele zeigen, daß es keine feste Größe für die zu erzielende Rendite gibt. Verschiedene Vergleiche zeigen, daß die Renditen im Rahmen von etwa 5,5 Prozent bis 7,5 Prozent liegen können, falls die hochgerechneten Prognosen für die Ablaufleistungen zukünftig auch eintreffen. Sollte der Garantiezins zurückgenommen werden, hätte dies ent-

sprechende Auswirkungen auf die prognostizierte Rendite.
Je höher das Eintrittsalter, desto höher ist auch der Risikoanteil und dementsprechend niedriger ist die erzielte Rendite. Wer sich im Alter von 50 oder darüber noch eine KLV als rentable Anlageform verkaufen läßt, darf sich nicht wundern, wenn letztendlich die Rendite nur noch bei vielleicht vier Prozent liegt.
So wie es sich nicht rechnet, für diesen Lebensabschnitt noch in eine KLV zu investieren, verbietet es sich auch für junge Leute im Alter von 20 bis 25 Jahren, eine KLV bis zum Endalter 65 abzuschließen. Leider wird in vielen Fällen gerade jungen Menschen eine Kapital-Lebensversicherung verkauft, ohne daß sie entsprechend über existenzbedrohende Risiken wie Berufsunfähigkeit aufgeklärt werden.
Es läßt sich nicht grundsätzlich behaupten, daß Verträge mit langen Laufzeiten unter dem Strich besser abschneiden als Versicherungen mit zwölfjähriger Laufzeit. Die Verfügbarkeit ist während der Laufzeit eingeschränkt. Wer nach Abschluß einer KLV innerhalb der zwölf Jahre Mindestlaufzeit an sein Geld kommen will oder bei längerlaufenden Verträgen vorzeitig aussteigt, macht Verluste. Der Rückkaufswert der Versicherung kann in den ersten Jahren sogar unter den eingezahlten Beiträgen liegen, das heißt, finanzielle Einbußen sind bei vorzeitigen Kündigungen vorprogrammiert.
Der wesentliche Vorteil einer KLV ist immer noch die Steuerbegünstigung, deshalb kann eine KLV als steuerbegünstigte Kombination aus Todesfallabsicherung und Sparvertrag für junge Paare und Familien interessant sein. Insbesondere dann, wenn der Sparerfreibetrag (ab 2000 nur noch 3000/6000) ausgeschöpft ist.
Als Fazit läßt sich zunächst festhalten: Mit Hilfe einer KLV läßt sich auch zukünftig Kapital ansparen, um die Altersversorgung zu sichern, wenn die folgenden Voraussetzungen erfüllt sind:

- es wird die Absicherung einer bestimmten Person, beispielsweise des Hauptemährers gewünscht,
- die steuerlichen Vergünstigungen werden genutzt,
- es wird eine Gesellschaft mit einer annehmbaren Rendite gewählt,
- es wurde individuell geprüft, ob eine Trennung von Absicherung und Sparvorgang nicht bessere Renditen mit einer Risiko-Lebensversicherung in Kombination mit einem der vielen Aktienfonds bringt.

Um Enttäuschungen zu vermeiden, sollten Sie bei Vertragsabschluß folgende Hinweise beachten:

Anpassung der Vertragslaufzeit an Ihr Anlage- oder Vorsorgeziel
Für den Vertragsabschluß gilt: je länger die Laufzeit, desto höher die Versicherungssumme und desto höher die Provision für den Vertreter. Legen Sie den Ablauf auf ein gewünschtes Endalter und vereinbaren Sie mit der Gesellschaft eine Verlängerungsoption. Das bedeutet, daß Sie bei Ablauf entscheiden können, ob Sie die Versicherungssumme beispielsweise im Alter von 60 Jahren tatsächlich brauchen oder den Vertrag ohne Zusatzkosten um bis zu fünf Jahre verlängern können, um sich den Zinsertrag der letzten Jahre zu sichern – denn da macht sich der Zinseszinseffekt voll bemerkbar.

Versicherungssumme nach persönlicher Zielsetzung bestimmen
Wie bei allen Anlageformen gilt auch hier: nicht gleich alles auf eine Karte setzen. Die KLV kann nur eine zusätzliche Anlageform zu den anderen Angeboten am Kapitalmarkt sein. Die Ausweitung des europäischen Kapitalmarktes und die damit zunehmende Konkurrenz der Anbieter wird in den kommenden Jahren dazu führen, daß es noch mehr und vielleicht günstigere Angebotsvarianten geben wird. Die KLV kann nur in

Verbindung mit festverzinslichen Wertpapieren, Investmentfonds oder Aktien innerhalb einer Gesamtanlage unter ganzheitlichem Aspekt gesehen werden. Wer sich nur aus »Verlegenheit« eine KLV verkaufen läßt, verschenkt langfristig gesehen viel Geld. Überlegen Sie daher genau, wie hoch die monatliche Einzahlung sein darf, damit noch finanzieller Spielraum für andere Anlageformen bleibt, die eine bessere Rendite versprechen!

Auf renditeschmälernde Zusatzvereinbarungen verzichten
Zusatzvereinbarungen wie eine Verdoppelung der Versicherungssumme bei Unfalltod haben einen wesentlichen Einfluß auf die Höhe der Ablaufleistung. Sie wird geringer und die Rendite sinkt. In den meisten Fällen ist dieser zusätzliche Schutz überflüssig. Die bessere Alternative wäre, zu prüfen, ob es nicht angeraten ist, eher eine Unfallversicherung abzuschließen, die bei Invalidität eine hohe Summe auszahlt. Für etwa 30 bis 40 D-Mark im Monat lassen sich Summen bis zu einer Million bei progressiver Staffelung absichern.
Verträge mit Verdoppelung bei Unfalltod können nach Untersuchungen von Fachzeitschriften je nach Laufzeit die Rendite um bis zu 1,5 Prozent schmälern. Solche Verträge abzuschließen, ist daher nicht ratsam.

Dynamisierung überprüfen
Zum Ausgleich der Inflationsrate läßt sich die Versicherungssumme der KLV jährlich um einen bestimmten Prozentsatz erhöhen. Dementsprechend steigt auch der Beitrag. Man erreicht damit eine höhere Endauszahlung, ohne daß damit weitere Gesundheitsprüfungen fällig werden.
Diesem Vorteil steht ein gewichtiger Nachteil gegenüber: Was für einen jungen Versicherten bei langlaufenden Verträgen einen Inflationsausgleich bedeutet, ist in der Regel für ältere Versicherte ein schlechtes Geschäft.

Denn die Dynamisierung stellt versicherungstechnisch einen kleinen eigenständigen Vertrag dar, für den neue Abschlußkosten und ein steigender Prämienanteil für den Risikoschutz berechnet werden.
Bei Ärger mit der Versicherungsgesellschaft das Bundesaufsichtsamt für das Versicherungswesen in 10664 Berlin, Postfach 150 280, einschalten!

Auf Teilauszahlungen während der Laufzeit verzichten
Es klingt für den Kunden sehr verlockend, wenn bei einer KLV mit einer Laufzeit von 25 oder 30 Jahren bereits nach zwölf Jahren das erste Geld zurückfließt und in bestimmten jährlichen Abständen Teilauszahlungen vorgenommen werden.
Abgesehen davon, daß der Kunde keinen Einfluß auf den Auszahlungszeitpunkt hat und den Teilbetrag unabhängig davon erhält, ob er ihn gerade braucht oder nicht, bleibt die Rendite solcher Verträge auf der Strecke. Mein Urteil: Davon ist abzuraten!
Die bessere Alternative: Anlage in einen Fonds in Verbindung mit einem Auszahlungsplan, der Ihnen die Freiheit läßt, über Höhe und Auszahlungsdatum selbst zu entscheiden!

Todesfall-Leistung mit zunehmendem Alter reduzieren
Neben einer Risiko-Lebensversicherung, die nur den Todesfall berücksichtigt, bieten viele Gesellschaften auch Tarife mit reduzierter Todesfall-Leistung an. Mit zunehmender Laufzeit und fallendem Todesfallschutz steigt die Ablaufleistung und damit auch die Rendite. Dahinter steht folgende Überlegung: Mit steigendem Alter nehmen Einkünfte aus anderen Anlageformen zu, und die Absicherung der Familie wird weniger wichtig, weil beispielsweise die Kinder bereits über eigenes Einkommen verfügen. Diese Variante ist besonders bei höherem Eintrittsalter zu bevorzugen.

Finanzielle Vorteile nutzen
Wählen Sie die jährliche Zahlung, lassen sich dabei Zuschläge von drei bis fünf Prozent sparen, die bei monatlicher Zahlung vereinbart werden. Nutzen Sie mögliche Rabatte aus. Prüfen Sie, ob Ihre KLV im Rahmen von Sammel- oder Gruppenversicherungsverträgen bessere Konditionen bietet. Beispielsweise bieten sich für mehrere Mitarbeiter einer Firma Gruppenrabatte an. Wird in diesem Zusammenhang auch noch der Arbeitgeber in Form einer Direktversicherung einbezogen, läßt sich die Rendite beträchtlich steigern.

Die private Rentenversicherung: Auch in Euro-Zeiten abhängig von der zukünftigen Lebenserwartung

Ende 1994 wurden die privaten Rentenversicherungen aufgefordert, ihre Sterbetafeln der gestiegenen Lebenserwartung der Versicherten anzupassen. Das war der Grund für etliche Enttäuschungen bei den Versicherten, denn die prognostizierten Gewinnanteile und damit auch die versprochene Gesamtrente gingen zurück. Für die Umstellung auf den Euro gelten die gleichen Bedingungen wie bei der Kapital-Lebensversicherung. Am Wert der Garantie- oder Gewinnrente bzw. den prognostizierten, aber nicht garantierten Überschußanteilen wird die Euro-Umrechnung nichts ändern. Auch zukünftig dürfte der Abschluß einer privaten Rentenversicherung vor allem für diejenigen interessant sein, die bereits eine KLV haben oder nach Auszahlung der Versicherungssumme nach einer geeigneten Wiederanlage suchen. Da die Rentenversicherung keine Risikoanteile enthält, ist ihre Rendite je nach Gesellschaft und Laufzeit um etwa 0,5 Prozent bis zu einem Prozentpunkt höher als die der KLV. Der Vorteil der privaten Rentenversicherung liegt für ältere Menschen darin, daß im Gegensatz zur KLV keine Gesundheitsprüfung erforderlich ist; sie können ohne Rücksicht auf Alter oder Gesundheitszustand eine solche

Versicherung abschließen. In der Altersklasse 45 bis 55 Jahre, wenn der Risikoanteil der KLV beträchtlich ansteigt und der finanzielle Schutz der Hinterbliebenen nicht mehr im Mittelpunkt der Anlageplanung steht, bietet sie für sicherheitsorientierte Anleger eine Alternative zur Anlage in Investmentfonds.
Doch sollten auch hier, wenn diese Anlage ihren Zweck erfüllen soll, einige grundsätzliche Überlegungen angestellt werden.
Für die jüngere und mittlere Generation empfiehlt sich die aufgeschobene Altersrente. Dabei wird monatlich ein fester Betrag eingezahlt und ein Zeitpunkt wie etwa der Eintritt ins 60. Lebensjahr vereinbart, von dem an eine feste Rente lebenslang bezahlt werden soll. Unabhängig davon hat der Versicherte ein Kapitalwahlrecht, d. h. er kann in der Regel sechs Monate vor Fälligkeitsbeginn entscheiden, ob er das Rentenangebot annimmt oder die Auszahlung der Gesamtsumme vorzieht. Dies würde sich dann anbieten, wenn die aktuelle Zinssituation bessere Anlagealternativen am Kapitalmarkt böte, z. B. im festverzinslichen Bereich oder in Form einer Einzahlung in einen Fonds mit einem kombinierten Auszahlungsplan.
Achten Sie auf die Vereinbarung der Garantiezeiten: Bei Vertragsabschluß bestimmen Sie eine Mindestgarantiezeit. Damit wird ein bestimmter Zeitraum – je nach Gesellschaft zwischen fünf Jahren (Mindestgarantiezeit) und 20 Jahren – vereinbart, in dem die Rente auch dann weiterläuft, wenn der Versicherte gestorben ist. Der länger lebende Ehegatte oder die Begünstigten erhalten die Rente bis zum Ende der Garantiezeit weiter ausbezahlt.
Die Höhe der Prämie richtet sich nach der Laufzeit dieser Garantie. Es gilt: Je länger die Garantiezeit, desto höher die Prämien. Umgekehrt gilt: Wer eine Garantiezeit von 20 Jahren vereinbart, muß eine etwas niedrigere Monatsrente akzeptieren als bei einer nur fünfjährigen Garantiezeit.

Stirbt der Versicherte bereits vor Erreichen des Rentenbeginns – in der sogenannten Ansparphase –, werden laut Versicherungsbedingungen in der Regel die eingezahlten Beiträge plus der erwirtschafteten Überschußbeteiligung ausgezahlt.
Der Vergleich von Kapital-Lebensversicherung und privater Rentenversicherung zeigt einige Vor- und Nachteile. Auf der Plusseite steht für eine private Rentenversicherung:

- Es ist keine Gesundheitsprüfung erforderlich.
- Der Eintritt ist in jedem Lebensalter möglich (Höchstgrenzen je nach Gesellschaft bei 65 bis 70 Jahren für Einmalzahlungen).
- Nur der Ertragsanteil (27 Prozent bis 32 Prozent im Alter von 60 bis 65 Jahren, in Abhängigkeit vom ersten Rentenbezugsjahr) ist zu versteuern.
- Da der Risikoanteil entfällt, ist die Rendite um einiges höher.

Auf der Minusseite stehen:

- Sie haben keinen Hinterbliebenenschutz. Die KLV bezahlt im Todesfall bereits nach dem ersten Beitrag die vereinbarte Versicherungssumme. Bei der Rentenversicherung sollte bei gewünschter Absicherung die Kombination mit einer Risiko-LV geprüft werden.
- Wie bei der KLV ist auch hier nur die Garantierente mit evtl. jährlichen Steigerungen absolut sicher vereinbart. Steigt die durchschnittliche Lebenserwartung der Bundesbürger in den nächsten Jahren weiter an, wirkt sich dies im Gegensatz zur KLV negativ aus. Bei steigender Lebenserwartung sinkt der Anteil der unverbrauchten Risikoprämie, die lebenslang gewährten Renten müssen entsprechend länger gezahlt werden, und damit auch die Überschußanteile für den Kunden.

Da zukünftig die Erwartungen aus der gesetzlichen Rentenkasse immer mehr nach unten korrigiert werden müssen, wird auch in Euroland die private Vorsorge einen breiteren Raum einnehmen.

Die Versorgungslücke für alle 30- bis 40jährigen ist heute schon vorprogrammiert. Nicht nur bei Arbeitnehmern oberhalb der Beitragsbemessungsgrenze gibt es gravierende Lücken, sondern auch bei Durchschnittsverdienern. Heute muß sich jeder die Fragen stellen: *Wieviel Geld möchte ich im Alter haben? Welche Spar- und Anlagemöglichkeiten helfen mir, dieses Ziel zu erreichen? Gibt es staatliche Hilfen oder Förderungen, die ich ausnutzen kann?*

Die private Rentenversicherung mit aufgeschobener Rente kann für die 30- bis 50jährigen einen Baustein zur Absicherung darstellen, die 60- bis 65jährigen sollten eine Rentenversicherung mit Sofortrente bevorzugen.

In Abhängigkeit vom Familienstand wird man die Garantiezeit wählen, z. B. bevorzugen Ledige eine kurze Garantiezeit mit etwas höherer Rente, Verheiratete würden eine lange Garantiezeit mit etwas geringerer Rente vereinbaren.

Unabhängig von den Vorteilen der privaten Rentenversicherung sollte dies stets mit den Angeboten des Euro-Kapitalmarktes verglichen werden.

Die jetzigen niedrigen Zinsen dürfen nicht darüber hinwegtäuschen, daß in den kommenden Jahren auch an der Zinsfront eine Änderung nach oben eintreten kann. Rentenpapiere, offene Immobilienfonds, Sparpläne oder Aktienfonds haben gegenüber der Rentenversicherung den unschlagbaren Vorteil, daß sie zu jeder Zeit flüssig gemacht werden können und der Anleger selbst bestimmen kann, ob und in welcher Höhe eine Auszahlung erfolgen soll. Sowohl bei der Kapital-Lebensversicherung als auch bei der privaten Rentenversicherung fehlt diese Flexibilität. Hier bestimmen die Versicherungsgesellschaften über Ablauf und Höhe der Zahlungen. Zwar ge-

hen einige Gesellschaften dazu über, dem Versicherten einige Gestaltungsfreiräume zu gestatten, z. B. Erhöhung der Versicherungssumme bei Heirat oder Geburt eines Kindes, doch gehören solche Nachversicherungsgarantien noch nicht zum Standard der Versicherer.
Grundsätzlich gibt es keine nur guten oder nur schlechten Vorsorgeprodukte. Zu berücksichtigen ist immer das ganzheitliche Gesamtkonzept, das dem Anleger eine sorgenfreie finanzielle Zukunft sichern soll. Lebensversicherungen und Bausparverträge allein können es gewiß nicht sein, denn hier werden langfristige Verpflichtungen eingegangen, die nur mit Verlusten wieder gelöst werden können.

Immobilien: Lohnt die Flucht ins Betongold?

Die Angst der Bürger vor dem Euro ist für viele Makler immer noch ein wichtiges Argument, gezielt den Kauf von Immobilien als sichere Alternative zum »schwachen« Euro zu empfehlen. In der Vergangenheit haben Immobilienbesitzer stets von hohen Inflationsraten profitiert. Die Geldentwertung machte sich für ihre Verschuldung positiv bemerkbar, und die Immobilien stiegen im Wert. Daß diese Entwicklung nicht einfach fortgeschrieben werden kann, haben die Immobilienbesitzer in den letzten Jahren erfahren. Etliche Wohnungen standen leer, die Mieter – nicht die Vermieter – konnten teilweise die Mietpreise bestimmen, und wer gezwungen war, sein Haus oder seine Wohnung zu verkaufen, mußte dies teilweise sogar unter Einstandspreis tun. Zwar läßt sich nicht vorhersagen, wie lange wir im Genuß der absolut niedrigen Inflationsraten in der EU bleiben, doch rechnet kaum jemand damit, daß wir sehr bald wieder eine Drei oder gar eine Vier vor dem Komma der Inflationsrate stehen haben. Dafür wird die Antiinflationspolitik der Europäischen Zentralbank Sorge tragen.
Der Euro startet in der Phase der Stabilität. Das hat für

die Käufer von Immobilien den großen Vorteil, daß sie bei der Finanzierung von historisch niedrigen Zinsen profitieren, doch sind übertriebene Euro-Ängste für potentielle Käufer von Immobilien ein schlechter Ratgeber. Auch zukünftig werden die Argumente Gültigkeit besitzen, die schon in der Vergangenheit beim Kauf oder Bau einer Immobilie relevant waren.
Auch nach der Einführung des Euro wird das Geschäft mit Immobilien stark lokal und regional bestimmt werden. Mit extrem veränderten Bedingungen auf den Immobilienmärkten ist nicht zu rechnen. Die von einigen Seiten geschürte Angst vor dem Euro hat sich nicht in höheren Immobilienpreisen niedergeschlagen.
Wer seine existenzbedrohenden Risiken abgesichert hat, wird mit dem Erwerb einer eigengenutzten Immobilie auch zukünftig nichts falsch machen. Nach vorliegenden Studien wurde beim Erwerb eines Eigenheims zwischen 1970 und 1995 eine Rendite von durchschnittlich 8,5 Prozent erzielt. Die geringste Rendite war 1985 mit nur 3,3 Prozent zu verzeichnen, die höchste 1980 mit 15,2 Prozent. Für Besitzer einer eigengenutzten Immobilie reduzieren sich die Ausgaben um die Höhe der sonst zu zahlenden Miete. Ein finanzielles Risiko besteht nach Tilgung sämtlicher Kredite und Hypotheken nicht mehr.
Für den gesamten Immobiliensektor wird der Euro einige rechtliche Anpassungen mit sich bringen. Hinzu kommen Zins- und Mieterwartungen sowie die Renditen und Anlagerisiken der privaten und der institutionellen Investoren.
Folgende Fragen umkreisen den Einfluß des Euro auf die Immobilienwirtschaft: *In welchem Umfang wird der Euro den Wohnimmobilienmarkt beeinflussen? Sind durch die Euro-Einführung Mietpreiserhöhungen oder rückläufige Mietpreisentwicklungen zu erwarten? Welche Risiken birgt der Euro für die Immobilienbranche? Kann der Euro als Preisanpassungsinstrument oder Katalysator der Immobi-*

lienwirtschaft verstanden werden? Wie wird sich der Bereich der Büro-, Einzelhandels- bzw. der Wohnimmobilien durch die Euro-Einführung verändern?

Eine überstürzte Flucht in die Immobilie aus Angst vor dem Euro ist nicht angebracht. Sicherlich werden auch zukünftig die Immobilienpreise und die Mieten von einigen Faktoren wie konjunkturellen Einflüssen oder Schwankungen an den Kapitalmärkten abhängen. Die Auswirkungen des Euro auf den Immobilienmarkt dürften eher psychologischer Natur sein. Anfang 1999 leidet der Immobilienmarkt in Deutschland unter fehlender Nachfrage, obwohl die Baupreise nachgegeben haben und die Hypothekenzinsen historische Tiefststände erreichten. Da kann es Sinn haben, sich im Immobiliensektor zu engagieren. Doch sind Immobilien von der Währungsunion weit weniger berührt als andere Anlageformen wie Aktien oder Rentenpapiere. Die zu erzielenden Mieteinnahmen oder möglichen Veräußerungsgewinne hängen nicht vom Euro, sondern von Angebot und Nachfrage auf dem Wohnungsmarkt ab.

Dennoch sind 1999 viele Immobilienfachleute, was die weitere Entwicklung anbelangt, optimistisch. Die Talsohle sei erreicht, bisher habe der Immobilienmarkt immer neun bis zwölf Monate zeitverzögert auf die gesamtwirtschaftliche Entwicklung reagiert, so die Meinung von Fachleuten. Unter der Voraussetzung, daß allmählich wieder ein Konjunkturaufschwung einsetzt, würde dies auch die Immobilienpreise wieder nach oben bewegen.

3. Inwiefern berührt der Euro zukünftig die gesetzlichen Renten?

Die Problematik der gesetzlichen Rentenkassen und die Notwendigkeit der privaten Vorsorge werden uns auch in den kommenden Jahren begleiten. Davon unabhängig

tauchen etliche Fragen auf, die insbesondere Rentenzahlungen und Rentenbescheide im Hinblick auf den Euro betreffen.
Bis zum 31. Dezember 2001 werden Rentenbescheide, Beitragsrückzahlungs- und Erstattungsbescheide, mit denen Geldleistungen gegenüber dem Versicherten erbracht werden sowie Versicherungsverläufe und Rentenauskünfte Geldbeträge in D-Mark und erst danach in Euro ausweisen.
Eine derartige Vorgehensweise ist nichts Neues. Die Rentenversicherung verarbeitet zur Zeit »RM«, »DM« und »Mark der DDR«. Das wird dadurch möglich, daß die jeweiligen Entgeltbeträge durch die Durchschnittsverdienste aller Versicherten der Rentenversicherung von Arbeitern und Angestellten desselben Kalenderjahres geteilt werden. Die Durchschnittsverdienste spiegeln dabei die jeweilige Währungseinheit wider. Bei der Berechnung ergeben sich »Entgeltpunkte für Beitragszeiten«, die zur Summe zusammengefaßt dann mit dem aktuellen Rentenwert, einem D-Mark-Betrag (am 1. Januar 1999 = 47,65 D-Mark im Westen und 40,87 D-Mark im Osten) vervielfältigt den Monatsbetrag der Rente ergeben. Dieser Monatsbetrag wird bis zum 31. Dezember 2001 weiterhin als D-Mark-Betrag ausgewiesen und zur Zahlung angewiesen, so die Auskunft der BfA.
Die Versicherungsverläufe bis zum 31. Dezember 2001 werden nicht in Euro umgerechnet. Es bleibt bei den verwendeten Währungen. Die der Beitragsentrichtung zugrundeliegenden Arbeitsentgelte und Arbeitseinkommen werden auch weiterhin in der bisherigen Währung dargestellt.

Ab wann wird die Rente in Euro gezahlt?

Die Rentenversicherungsträger werden die Renten erst ab 1. Januar 2002 in Euro anweisen. Für zuvor in D-Mark

berechnete Renten bedeutet das eine Umrechnung des Monatsbetrags der Rente in Euro. Die Rentenversicherungsträger werden mit der Umrechnung schon im Zuge der Rentenanpassung zum 1. Juli 2001 beginnen, der Zahlbetrag wird aber bis zum Ende des Jahres 2001 in D-Mark angewiesen.
In den Rentenbescheiden wird für den Rentenbetrag der in D-Mark lautenden Zahlung auch der in Euro umgerechnete Betrag genannt. Entsprechendes gilt für die Beträge, die in allgemeinen Rentenauskünften enthalten sind. Die Angabe der Beträge in Euro wird lt. BfA frühestens ab 1. Juli 1999 erfolgen. Der Euro-Betrag wird dann bei jeder Rentenanpassung bis zum 30. Juni 2001 genannt. Auch die Hinzuverdienstgrenzen werden entsprechend in Euro bekanntgegeben.

Was geschieht bei Rentenzahlungen ins Ausland?

Die Einführung des Euro hat in der Zeit vom 1. Januar 1999 bis zum 31. Dezember 2001 keinen Einfluß auf die Rentenzahlung ins Ausland. Die Rente wird durch den zuständigen Rentenversicherungsträger in D-Mark angewiesen. Der Postrentendienst transferiert die Zahlung dann wie bisher ins Ausland.
Wird kein Auslandskonto unterhalten, können sich Änderungen ergeben. Personen, die kein Auslandskonto unterhalten, erhalten als bargeldersetzendes Mittel zur Zeit bei Zahlungen nach Italien einen Lire-Scheck und bei Zahlungen nach Griechenland, Irland, Island, Portugal und Spanien einen US-Dollar-Scheck oder einen Scheck über Britische Pfund. Personen, die sich in einem Staat aufhalten, der an der EWWU teilnimmt, werden die Rente zwar weiterhin per Scheck, aber im Laufe des Jahres 1999 auf Euro bezogen erhalten. Für Personen, die sich in einem Staat aufhalten, der nicht an der EWWU teilnimmt, ändert sich nichts.

Werden den Arbeitgebern, die Lohn-, Gehalts- oder sonstige Unterlagen in Euro führen, die zu beachtenden Grenzwerte (z. B. Beitragsbemessungsgrenze) als umgerechnete Euro-Beträge zur Verfügung gestellt?

Die Sozialleistungsträger werden in Absprache mit dem Bundesministerium für Arbeit und Sozialordnung die umgerechneten Beträge veröffentlichen. Da die Sozialleistungsträger für das Jahr 1999 keine Einwände gegen die Führung der Lohn-, Gehalts- oder sonstigen Unterlagen in Euro erheben, müssen auch die entsprechend umgerechneten Werte bekannt sein. Mit der Einführung des Euro behalten zunächst alle »Grenzwerte« grundsätzlich ihre Gültigkeit, auch wenn sie auf Geldbeträge in nationaler Währung der Teilnehmerstaaten Bezug nehmen. Damit gelten die rechtlichen Bezugnahmen in den Gesetzes- und Verordnungstexten auf D-Mark fort.

Müssen die in der Rentenversicherung zu beachtenden Bezugsgrößen (z. B. Beitragsbemessungs- und Geringfügigkeitsgrenze) für Zeiten nach dem 31. Dezember 2001 vom Gesetzgeber neu bestimmt werden?

Grundsätzlich gilt zwar, daß zum 1. Januar 2002 sämtliche in Gesetzen, Verordnungen oder privaten Verträgen in D-Mark ausgedrückten Beträge automatisch (durch EU-Recht) unter Verwendung des am 2. Januar 1999 festgelegten Umrechnungskurses als Beträge in Euro gelten.

In den Fällen aber, in denen bisher kraft Gesetzes ausdrücklich ein »glatter« D-Mark-Betrag vorgeschrieben ist, sind neue »glatte« Euro-Beträge nicht im Wege der Umrechnung, sondern nur durch Neufestsetzung durch den Gesetzgeber zu erreichen (sog. »Glättung« von Beträgen). Das gilt z. B. für die Beitragsbemessungsgrenze,

die durch 1200 ohne Rest teilbar, oder für die Bezugsgröße (aus der sich u. a. die Geringsfügigkeitsgrenze ableitet), die durch 840 ohne Rest teilbar sein muß.
Die Bundesregierung strebt hier keine für alle Bereiche einheitlichen Festlegungen (Berechnungsformeln) an. Vielmehr sollen die jeweils zuständigen Ministerien im Einzelfall prüfen, wie die Neufestsetzung vorgenommen werden soll. Gegebenenfalls müßte der Gesetzgeber entsprechende Änderungen herbeiführen.

Informationen rund um die Rente erteilt Ihnen die BfA, 10704 Berlin unter 01802/331919 (aus Berlin) und 01803/331919 (aus allen übrigen Bundesländern).

Internet: http://www.bfa-berlin.de

IV. Mit welchen Anlagestrategien kann ich vom Euro profitieren?

1. Die Flucht in fremde Währungen ist nicht empfehlenswert

Wer sein Geld außerhalb des Euro-Landes anlegen will, hat es schwer, vernünftige Alternativen zu finden, die ihm bei höheren Renditen eine relativ hohe Sicherheit bieten. Die Zinsen innerhalb Europas haben sich angeglichen, durch den europäischen Leitzins wird es uninteressant, innerhalb von Europa Anlagealternativen im festverzinslichen Bereich zu suchen. Sicherlich wird es auch zukünftig einige geringe Zinsunterschiede zwischen den EU-Teilnehmern geben, weil Bonität und Laufzeit gleichermaßen die Emissionsbedingungen bestimmen. Doch dürften zukünftig die Unterschiede zwischen einer deutschen und einer italienischen Staatsanleihe so gering sein, daß man es sich überlegen wird, ob es aus Renditegesichtspunkten Sinn hat, eine andere europäische anstatt einer deutschen Anleihe zu kaufen. Mögliche Alternativen könnten Anfang 1999 schweizerische und englische Papiere sein.

Doch gilt nach wie vor: Die Rendite einer Schweizer Anleihe wird wie bisher unter der einer europäischen liegen. Hinzu kommt das Währungsrisiko des Schweizer Franken, und zudem mehren sich seit Anfang 1999 die Meinungen, daß die Schweiz sich auf Dauer einer europäischen Währungsunion nicht entziehen könne.

Auch wenn bisher die Tendenz der Schweizer, sich dem Euro anzuschließen noch nicht so eindeutig zu erkennen ist, wird sich früher oder später der kleine Schweizer Ka-

pitalmarkt den europäischen Integrationsbemühungen nicht entziehen können.
Das Exportland Schweiz ist an Kapitalzuflüssen in größerem Stil nicht interessiert, weil dadurch der Kurs des Schweizer Franken steigen könnte und damit die Schweizer Exportindustrie unter Druck setzen würde.
Meine Meinung: Die Schweiz wird sich im Laufe der nächsten Jahre der europäischen Währungsunion anschließen, weil sie sich wirtschaftlich wie finanziell dem Druck der anderen europäischen Länder nicht entziehen kann.
Ähnliches gilt für Großbritannien. Auch da wird es unter dem Druck des europäischen Umfeldes sehr bald zu einer Übereinstimmung mit den europäischen Bestrebungen kommen. Obwohl die rot-grüne Regierung aus London nach ihrem Regierungsantritt kräftig kritisiert wurde, rechnen Fachleute damit, daß auch Großbritannien in den nächsten Jahren dem Euro-Land beitreten wird. Auch hier sehen die Experten ein hohes Währungsrisiko, da nach Meinung vieler Analysten das Pfund überbewertet sei. Je wahrscheinlicher der Beitritt Großbritanniens zur EWU wird, um so mehr wird der Kurs des englischen Pfundes unter Druck geraten.
Voraussetzung für einen Beitritt Großbritanniens: Der Euro wird zu einer stabilen und konkurrenzfähigen Währung, woran derzeit niemand zweifelt. Aus Sicherheits- oder Renditegesichtspunkten lohnt daher eine Anlage im europäischen Ausland derzeit nicht. Die Stabilitätsprognosen für den Euro bieten keinen Anlaß, sein Glück in außereuropäischen Märkten zu suchen. Sowohl die Schweiz als auch Großbritannien oder die USA bergen erheblich größere Risiken im Währungsbereich als die europäischen Länder.
Auslandsanlagen im Anleihebereich sind als kleine Depotbeimischungen sinnvoll. Bestenfalls im Investmentfonds oder Aktienbereich gibt es einige Alternativen, um weltweit sein Kapital zu diversifizieren. Aufgrund des

Euro nun fluchtartig die europäischen Kapitalmärkte zu verlassen, hat keinen Sinn, sondern vergrößert nur das Risiko, mit seinen Anlagen in eine Schieflage zu geraten.

2. Dollar oder Euro: Wer wird der Sieger?

Der Euro wird für den Dollar eine ernsthafte Herausforderung darstellen und ihm auf den weltweiten Kapitalmärkten kräftig Konkurrenz machen. Der Kurs des Dollar ist seit vielen Jahren abhängig von politischen Entwicklungen und vom wirtschaftlichen Auf und Ab der US-Konjunktur. Er ist aber auch Spielball der internationalen Spekulation. Mit Beginn der EWU mehren sich die Meinungen, die dem Euro zukünftig etwas mehr Stärke zutrauen als dem Dollar. Der Euro muß sich zwar erst einmal als Währung zur Fakturierung, als Geldanlage, als Notenbankreserve sowie als Leit- und Ankerwährung für andere Devisen bewähren. Doch sprechen einige Fakten dafür, daß sich der Euro gegenüber dem Dollar als zumindest zweitwichtigste Währung behaupten wird. Der Euro repräsentiert einen Wirtschaftsraum, der dem der USA ebenbürtig ist. Die vorerst noch elf EWU-Teilnehmer produzieren gemeinsam 19,4 Prozent der Welt-Wirtschaftsleistung. Der Anteil der USA liegt bei 19,6, der Japans bei 7,7 Prozent. Im Welthandel kommt die Euro-Zone laut EU-Kommission auf einen Anteil von 18,6 Prozent, die USA auf 16,6 und Japan auf 8,2 Prozent. Dennoch werden derzeit noch rund die Hälfte aller weltweiten Geschäfte in Dollar abgerechnet, in D-Mark waren es nur 15 Prozent. Da im Zuge der EWU der innereuropäische Handel nun Binnenhandel darstellt, nimmt das Gewicht der EU-Währungen im Welthandel zunächst ab. Für 1999 rechnet man mit einem Dollaranteil von 60 Prozent und einem Euro-Anteil von zunächst 20 Prozent bis 25 Prozent.
Allein die Masse an Euro-Krediten und das Volumen des

Euro-Wirtschaftsraumes machen es wahrscheinlich, daß der Euro künftig zur Konkurrenz zum Dollar anwachsen wird. Für viele Länder wird Euro-Land der mit Abstand wichtigste Handelspartner werden. Als Anlagewährung steigt der Euro mit einer Rentenmarkt-Kapitalisierung von elf Billionen D-Mark zur Nummer Zwei neben dem Dollar mit 17,5 Billionen D-Mark auf.

Nicht ganz einfach dürfte es für den Euro werden, die Rolle einer Ankerwährung einzunehmen. Dies wird nach und nach vor allem in den osteuropäischen Ländern geschehen, die der EWU beitreten wollen oder als zukünftiges EU-Mitglied Interesse an einer engen EU-Bindung haben. Sie werden ihre nationalen Währungen sehr schnell an den Euro koppeln.

Entscheidend für seine Stellung gegenüber dem Dollar wird auch sein, wie sich der Euro als Reservewährung bei ausländischen Notenbanken etablieren kann.

Anlageentscheidungen werden maßgeblich vom Vertrauen in den Dollar oder in die Stabilität des Euro abhängen. Von einem amerikanischen Chefvolkswirt stammt die Aussage: »Der Euro wird ein munteres Baby sein, ein schwieriger Teenager und ein gesunder Erwachsener.«

Während die USA chronische Leistungsbilanzdefizite aufweisen (höherer Import als Export), nimmt der Leistungsbilanzüberschuß in Euroland zu. Dies könnte den Dollar zukünftig weiter schwächen. Daher kann damit gerechnet werden, daß nach einer gewissen Anlaufphase der Euro im Weltwährungssystem eine wichtige Rolle spielen und dem Dollar Konkurrenz als internationale Reserve- und Anlagewährung machen wird. Spekulationen über eine zukünftige Fakturierung der Ölpreise in Euro könnten zusätzlich dazu beitragen, den Dollar zu schwächen.

Da auf längere Sicht weltweite Umschichtungen zugunsten des Euro und zu Lasten des Dollar nicht auszuschließen sind, müssen Anleger bei Spekulationen im

Dollarraum, bei Anlagen in Dollaranleihen oder auf Dollar lautenden Optionsscheinen besonders sensibel auf die Einführung des Euro reagieren.

3. Europäische Investmentfonds: Die Anlage des nächsten Jahrtausends

Die Anlagestrategie der nächsten Jahre wird anders aussehen als in der Vergangenheit. Während es bisher bedingt durch die unterschiedlichen Währungen von Bedeutung sein konnte, in welchem Land ein Unternehmen seinen Sitz hatte, wird zukünftig allein die Branche und das Unternehmen über Erfolg oder Mißerfolg einer Anlage bestimmen. Der Euro-Anlagemarkt wird nicht mehr geprägt sein von einer Länderauswahl, sondern die Anleger werden die Auslese in Zukunft abhängig von der Branche und den Gewinnaussichten des jeweiligen Unternehmens machen. Viele Investmentgesellschaften haben sich bereits darauf eingestellt. Während bisher nationale Aktienindizes als Meßlatte dienten, werden zukünftig die Gelder der Anleger, die den Gesellschaften Zuflüsse in Milliardenhöhe bescheren, europaweit gestreut werden. Die Selektion nach Branchen wird innerhalb Europas immer wichtiger, deshalb werden viele Fonds dazu übergehen, ihre Schwergewichte nach bestimmten Branchen zu diversifizieren. Anstelle von europäischen Länderfonds werden europäische Branchenfonds den Markt mehr und mehr bestimmen.
Die Anlagestrategie des nächsten Jahrtausends wird eindeutig von Investmentfonds und Anlagen in Aktien dominiert werden! Auch wenn die Aktienkultur in Deutschland mit gerade acht bis zehn Prozent Anteil in Fonds und Direktengagements noch unterrepräsentiert ist, führt kein Weg daran vorbei, zukünftig verstärkt auf diese Anlagen zu bauen.

Dafür sprechen mehrere Gründe: Die Altersversorgung wird mehr und mehr in den Bereich Fonds verlagert werden. Daß die Kapital-Lebensversicherung allein als dritte Säule der privaten Altersversorgung nicht mehr dominierend sein kann, wurde bereits beschrieben. Diese Erkenntnis hat nach langer Zeit endlich dazu geführt, daß auch der Gesetzgeber die Notwendigkeit eingestand, zukünftig mehr auf die Aktie als Altersvorsorgeinstrument zu setzen.

4. Altersvorsorge-Sondervermögen (AS) – Alternative zur Kapital-Lebensversicherung?

Diese Erkenntnis hat den Gesetzgeber im April 1998 dazu veranlaßt, das Altersvorsorge-Sondervermögen zuzulassen und als private Altersvorsorge den Anlegern zu empfehlen. Mit der Einführung des Dritten Finanzmarktförderungsgesetzes am 1. April 1998 spricht sich der Staat nicht mehr allein für die Altersvorsorge aus. Private Vorsorge wird damit wichtiger denn je.
Mittlerweile hat fast jedes Kreditinstitut einen sog. AS-Fonds im Programm. Ende 1998 lagen dem Bundesaufsichtsamt in Berlin bereits 69 AS-Fonds zur Genehmigung vor. Die Unterschiede zwischen den Produkten sind nicht sehr groß. Allen gemeinsam sind die gesetzlichen Vorgaben, an die sich die Gesellschaften zu halten haben. Kritische Stimmen behaupten, diese neuen Altersvorsorge-Produkte seien nichts Neues, denn Fonds in allen möglichen Variationen gebe es schon genügend am Markt. Damit haben sie recht. Neu ist bisher lediglich die Tatsache, daß der Gesetzgeber bewußt auf Sachwerte (Immobilien und Aktien) zur Altersvorsorge hinweist und dies auch gesetzlich manifestiert. Leider ist eine wichtige Voraussetzung, die diese Fonds tatsächlich zu einer Alternative werden ließe, bisher nicht erfüllt: die

steuerliche Begünstigung. Solange es in diesem Bereich keine steuerlichen Anreize gibt, kann der Anleger seine private Altersvorsorge wie bisher auch mit anderen Fonds betreiben.

Die Besonderheiten der AS-Fonds:

- *Aktien und Immobilien:* Mindestens 51 Prozent des Fondsvermögens müssen in Aktien und Immobilien investiert werden. Dabei darf der Aktienanteil zwischen 21 und 75 Prozent schwanken. Die Höchstgrenze für Immobilien liegt bei 30 Prozent.
- *Fremdwährung:* Höchstens 30 Prozent des Fondsvermögens dürfen ungesichert in Fremdwährungen angelegt werden.
- *Laufzeit und Sparpläne:* Jede Investmentgesellschaft muß für ihre AS-Fonds Sparpläne anbieten. Mindestlaufzeit: 18 Jahre oder bis zum 60. Geburtstag des Anlegers. Auch Auszahlpläne müssen angeboten werden.
- Während der Laufzeit dürfen Erträge nicht ausgeschüttet werden.
- *Fondswechsel:* Nach drei Vierteln der vereinbarten Laufzeit muß die Gesellschaft den kostenfreien Tausch in einen anderen Fonds anbieten.

Vergleicht man die Bedingungen dieser Fonds mit den bisherigen Investmentfonds, fällt hier zunächst die Mindestlaufzeit ins Auge. Doch solange damit keine steuerlichen Vergünstigungen verbunden sind, hat diese keine rechtliche Bedeutung. Wie bei jedem anderen Fonds kann der Anleger hier jederzeit an sein Geld.
Doch sollten Sie auf einen wesentlichen Unterschied achten: Anders als bei den »normalen« Investmentfonds, die Sie börsentäglich verkaufen können, wird bei den AS-Fonds die Kündigung erst mit dreimonatiger Kündigungsfrist wirksam. Bei Arbeitslosigkeit verkürzt sie sich auf einen Monat. Damit werden auch einige Nachteile erkennbar: Für Anleger mit geringer Spardisziplin be-

steht trotz Kündigungsfrist die Versuchung, jederzeit das angesparte Kapital wieder abzuräumen oder für einen anderen Zweck einzusetzen. Wie bei anderen Fonds gibt es weder eine garantierte Mindestverzinsung noch einen besonderen Risikoschutz.
Sinn macht die Vereinbarung, daß nach drei Vierteln der Ansparphase eine Umschichtung in einen anderen Fonds (Switch von einem Aktienfonds in einen Renten- oder Immobilienfonds) kostenlos möglich ist.

Darauf sollten Sie achten:

1. *Portfolio-Gewichtung*
Da in der Vergangenheit reine Aktienfonds langfristig die beste Performance erzielten, ist für die Altersvorsorge ein Fonds mit hohem Aktienanteil empfehlenswert.

2. *Kosten*
Der Ausgabeaufschlag liegt wie bei anderen Fonds in der Spanne zwischen 2,5 Prozent und 5 Prozent. Die Fondsmanager verlangen eine zusätzliche jährliche Verwaltungsgebühr, die zwischen 0,5 Prozent und 1,5 Prozent liegt. Vergleichen Sie auch hier die Fondskosten mit den Angeboten der Direktbanken, bei denen die Ausgabeaufschläge um einiges niedriger liegen können!

3. *Alternative Angebote prüfen*
Solange die AS-Fonds keine besonderen steuerlichen Vorteile bieten, sollten Sie die bisher langfristig erfolgreichen Fonds einem AS-Fonds vorziehen. Wer sich mit dem Kapitalmarkt beschäftigt oder einen erfahrenen Anlageberater hat, kann sich ein Depot aus verschiedenen Fonds selbst zusammenstellen und ist unter Umständen flexibler als mit einem AS-Fonds.
Auf diese Unterschiede zwischen der traditionellen Kapital-Lebensversicherung und den AS-Fonds sollten Sie achten:

Anlagestrategie und Konditionen der AS-Fonds

Fonds	Gesellschaft	Portfoliogewichtung Aktien	Renten	Immobilien	Ausgabeaufschlag
		in Prozent			in Prozent
Adig-Zukunft 2 AS	ADIG	75,0	25,0	-	3,0
Adig-Zukunft 3 AS	ADIG	50,0	50,0	-	3,0
AS-Aktiv Dynamik	ADIG	75,0	17,5	7,5	3,0
AS-Aktiv-Plus	ADIG	50,0	35,0	15,0	3,0
BB-EuropaAS-Invest	BB-Invest	70,0	20,0	10,0	4,0
BfG Invest GenerationPlus	BfG Invest	70,0	15,0	15,0	3,0
BWK-Dynamik-AS	BWK	70,0	5,0	25,0	2,5
BWK-Kontinuität-AS	BWK	25,0	45,0	30,0	2,5
Citibank AS Union	Union	70,0	16,0	14,0	3,5
Deka-Privat-Vorsorge AS	Deka	75,0	15,0	10,0	3,5
DIT-Altersvorsorge 35	DIT	70,0	25,0	5,0	4,5
DIT-Altersvorsorge 45	DIT	60,0	30,0	10,0	4,0
DIT-Altersvorsorge 55	DIT	50,0	35,0	15,0	3,5
DIT-Altersvorsorge 55plus	DIT	40,0	45,0	15,0	3,0
DWS Vorsorge AS(Dynamik)	DWS	70,0-75,0	25,0-30,0	-	4,0
DWS Vorsorge AS(Flex)	DWS	50,0-60,0	40,0-45,0	ca. 5,0	4,0
FT Life-Invest Classic	Frankfurt-Trust	40,0	30,0	30,0	5,0
FT Life-Invest Pro	Frankfurt-Trust	70,0	10,0	20,0	5,0
Gamax AS Classic	Zürich Invest	60,0	30,0	10,0	5,26
Geno AS1	Union	70,0	16,0	14,0	3,0
Gerling AS	Gerling	70,0-75,0	25,0-30,0	-	4,5
HANSAas	Hansainvest	75,0	-	25,0	5,0
Hypo-Invest Privatrente	Hypo-Invest	50,0-60,0	30,0-40,0	ca. 10,0	3,0
KCD-Union-AS	Union	70,0	16,0	14,0	3,0
MK VIVA	MK	75,0	25,0	-	5,26
NORDINVEST -AS	NORDINVEST	75,0	15,0	10,0	3,5
Vorsorge -AS 1	Zürich Invest	60,0	30,0	10,0	4,5

Quelle: BVI, eigene Erhebungen

Abb. 17

1. Laufzeit/Kündigung
KLV: Laufzeit mindestens zwölf Jahre, um einen steuerlichen Vorteil zu erreichen. Bei vorzeitiger Kündigung müssen Überschußanteile versteuert werden; Rückkaufswert eventuell geringer als Einzahlungssumme bei frühzeitiger Kündigung.
AS-Fonds: Laufzeit mindestens 18 Jahre oder bis zum 60. Lebensjahr. Ausstieg mit dreimonatiger Kündigungsfrist jederzeit möglich.

2. Besteuerung
KLV: Nach derzeitiger Rechtslage sind Erträge aus Kapital-Lebensversicherungen nach zwölf Jahren steuerfrei.
AS-Fonds: Hier ist noch nicht endgültig geklärt, ob die geplante Besteuerung der Fonds ab 1999 oder 2000 durchgeführt werden soll. Bisher galt die Regelung, daß Kursgewinne nach der Spekulationsfrist (ab 1999 = ein Jahr) steuerfrei sind. Zinsen, Dividenden und Mieterträge sind zu versteuern.

3. Kosten/Verwaltungsgebühren
KLV: Im Durchschnitt muß bei einer KLV je nach Gesellschaft mit bis zu zehn Prozent Kosten der gesamten Versicherungssumme für Verwaltung und Vertrieb gerechnet werden.
AS-Fonds: Anleger zahlen drei bis fünf Prozent Ausgabeaufschlag und eine Verwaltungsgebühr bis zu ca. einem Prozent. Wie bei der KLV gilt auch hier: Vor dem Abschluß Kosten vergleichen!

4. Transparenz der Entwicklung
KLV: Versicherte sollten einmal jährlich eine Übersicht über aktuellen Rückkaufswert und aktuelle Ablaufleistung bekommen. Leider läßt die Transparenz bei vielen Gesellschaften noch zu wünschen übrig. Trennung zwischen Risiko-, Spar- und Kostenanteil bleibt für den Versicherten nicht erkennbar.

AS-Fonds: Wertentwicklung und Ausgabeaufschlag sind täglich der Wirtschaftsfachpresse zu entnehmen.

5. Risikoabsicherung

KLV: Im Todesfall wird die volle Versicherungssumme an die Hinterbliebenen (Bezugsberechtigten) ausgezahlt, unabhängig von der Höhe der Einzahlungen.

AS-Fonds: Als Todesfallabsicherung muß eine zusätzliche Risiko-Lebensversicherung abgeschlossen werden. Auch wenn die Rendite der AS-Fonds nicht garantiert werden kann, lohnt sich eine vergleichende Gegenüberstellung von KLV und AS-Fonds (oder Fonds generell) plus Risikolebensversicherung auf jeden Fall!

6. Wertentwicklung

KLV: Garantierter Rechnungszins von derzeit noch vier Prozent. Über eine Senkung wird nachgedacht. Inklusive

Investieren und Profitieren

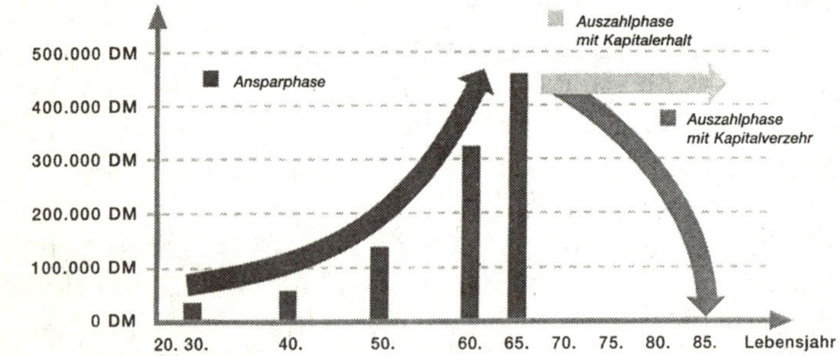

Unter Berücksichtigung eines Ausgabeaufschlags von 5 % in der Ansparphase.

Wer ab dem 20. Lebensjahr monatlich 100 DM investiert, verfügt mit 65 Jahren bei 8% Verzinsung über 460.000 DM. Das ergibt 3.486 DM monatliche „Rente" für 20 Jahre oder 2.585 DM monatliche „Rente" lebenslang bei angenommenen 7% Rendite.

Abb. 18

So entwickelten sich Sparpläne für Aktienfonds mit Anlagen in deutschen Aktien bei einer monatlichen Einzahlung von 100 DM über 35 Jahre

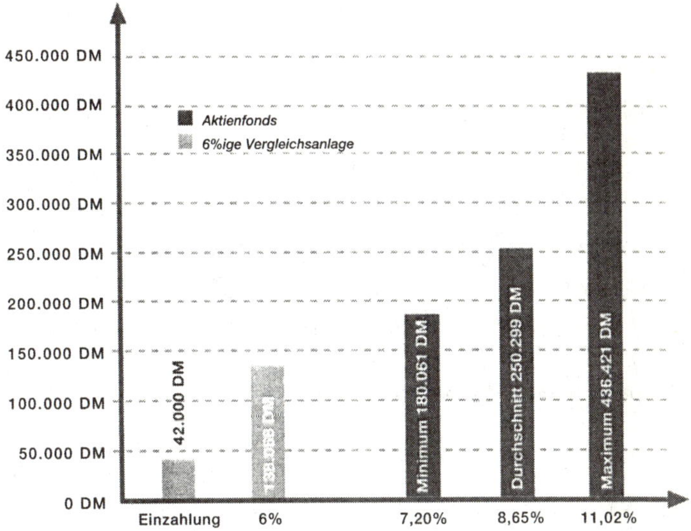

Durchschnittliche Wertentwicklung aller deutschen Aktienfonds seit Einzahlungsbeginn 1952. Der Berechnung liegen alle vierteljährlichen Ergebnisse zugrunde. Die investmentspezifischen Kosten (Ausgabeaufschlag, Verwaltungsvergütung) wurden berücksichtigt. Wertentwicklungsergebnisse in der Vergangenheit können nicht für die Zukunft garantiert werden. Quelle: BVI

Abb. 19

Überschußanteile je nach Gesellschaft lt. Vergleichen in Wirtschaftsfachzeitschriften ca. fünf bis 6,5 Prozent.
AS-Fonds: Noch keine Vergleichsmöglichkeit, doch zeigt die nachfolgende Übersicht, daß es etlichen Aktienfonds über längere Perioden gelungen ist, eine jährliche Rendite über zehn Prozent zu erzielen! Durch die Mischung der AS-Fonds von Aktien, Renten und Immobilien wird eine langfristige Rendite von ca. acht Prozent im Durchschnitt für realistisch angesehen.

So entwickeln sich monatliche Einzahlungen von 100 DM über 35 Jahre bei 4, 6 und 8 %

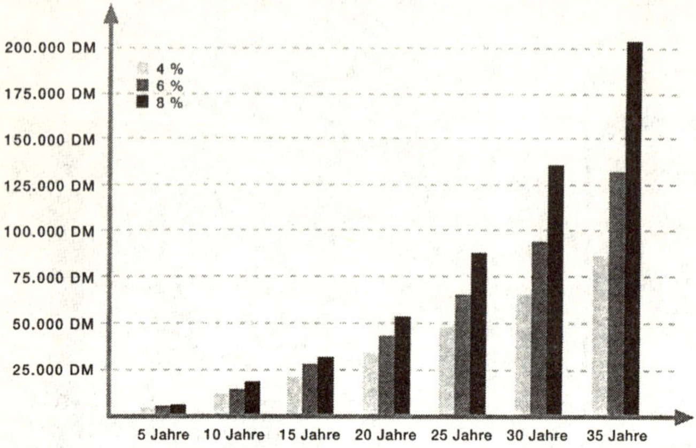

Unter Berücksichtigung eines Ausgabeaufschlags von 5 % und der Wiederanlage der Erträge. Ergebnisse vor Steuer.

Abb. 20

Wie Sie mit Fonds langfristig Ihre Versorgung im Ruhestand sichern können, zeigen die folgenden Übersichten des Bundesverbandes Deutscher Investment-Gesellschaften e.V.

Die folgenden Zahlen zeigen Ihnen, daß es in den vergangenen Jahren durchaus möglich war, mit Aktienfonds einen Wertzuwachs von etwa 1000 Prozent zu erzielen. Spitzenreiter der letzten 20 Jahre per 31. August 1998 war lt. der Zeitschrift Finanzen der Investa, ein Fonds der Deutschen Bank-Gruppe DWS, dessen Schwerpunkt bei großen deutschen Standardwerten lag. Damit schaffte er es, eine Durchschnittsrendite von 13,6 Prozent über 20 Jahre hinweg zu erzielen. Aber auch die folgenden Ergebnisse können sich sehen lassen. Neben den überwiegend in deutschen Werten anlegenden Fonds zählt der Templeton Growth Fund, der sich weltweit, auch in den

Emerging Markets, engagiert, zu den besten Fonds. Der Pioneer US-Fonds legt ausschließlich in US-Aktien an. Bei den letztgenannten Fonds von Pioneer und Templeton Growth muß der Anleger beachten, daß sie in US-Dollar notiert werden, womit ein gewisses Währungsrisiko einhergeht.
Auch bei der Zusammenstellung einer weltweiten Fonds-Palette gilt die wichtige Anlegerregel: Nicht alle Eier in einen Korb legen. Geld und Mist haben eines gemeinsam: Nur breit gestreut versprechen sie einen guten Ertrag!

Spitzen-Fonds im Langzeitvergleich (Wertzuwachs in 20 Jahren)

1. Investa DWS	1191,1 Prozent
2. SMH-Special-Fonds I	1148,0 Prozent
3. Pioneer Fund	1116,7 Prozent
4. FT-Frankfurter Effekten	1108,3 Prozent
5. Templeton Growth Fund	1056,0 Prozent
6. Concentra DIT	1027,9 Prozent
7. Pioneer II $	955,8 Prozent
8. Adifonds ADIG	925,7 Prozent
9. Dt. Vermögensbildungs Fonds I	909,9 Prozent
10. Unifonds Union	875,6 Prozent

Mit dem Euro wird bei der Anlageplanung für die kommenden Jahre ein gewisses Umdenken stattfinden müssen. Im Mittelpunkt werden nicht mehr nur große deutsche Werte stehen, sondern Branchen, die europaweit erfolgreich sein werden. Wie eine erfolgreiche Anlagestrategie mit Aktien in den kommenden Jahren aussehen könnte, zeigt das nächste Kapitel.

V. Europäische Aktien: Die Gewinner in Euroland?

1. Umstellung auf Stückaktien

Seit dem 4. Januar 1999 werden Aktien an den deutschen Börsen in Euro notiert. Auf den Aktienmarkt hatte die Einführung des Euro eine besondere technische Auswirkung: Weil die deutschen Aktien auf Nennbeträge in D-Mark lauteten, mußten sie bei der Einführung des Euro umgestellt werden. Da die Umstellung auf einen Euro-Nennwert bedingt durch den Umrechnungskurs zu krummen Beträgen geführt hätten, haben die meisten Aktiengesellschaften bereits auf sogenannte nennwertlose Stückaktien umgestellt. Diese gibt es in den USA bereits seit 1912.

Bei diesen Aktien ist der Anleger nicht mehr mit einem bestimmten Betrag, sondern nur noch mit einem bestimmten prozentualen Anteil an einer Aktiengesellschaft beteiligt. Damit gibt es auch kein sogenanntes Grundkapital mehr.

Ein Beispiel: Eine Aktiengesellschaft hatte bisher ein Grundkapital von fünf Millionen Mark, eingeteilt in eine Million Aktien im Nennwert von fünf D-Mark. Wer eine Aktie dieser Gesellschaft besitzt, hält jetzt wie bisher den einmillionsten Teil an dieser Aktiengesellschaft. Der Nennwert bei der Aktie und eine Berechnung des Grundkapitals der Aktiengesellschaft entfallen jetzt. Plant diese Gesellschaft beispielsweise die Ausgabe von einer Million weiteren Aktien, dann muß ein Aktionär dieser Gesellschaft, um seinen prozentualen Anteil zu halten, für jede Aktie, die er besitzt, eine weitere kau-

fen. Das war auch in der Vergangenheit so, nur die bilanztechnische Heraufsetzung des Grundkapitals – in diesem Fall die Verdoppelung von fünf auf zehn Millionen Mark – entfällt.
Das deutsche Aktiengesetz wollte ursprünglich mit dem »Grundkapital« sicherstellen, daß eine Aktiengesellschaft den Gläubigern zumindest eine gewisse Sicherheit bietet. Bei der Vergabe von Krediten durch Banken spielt jedoch nach Expertenmeinungen das Grundkapital keine Rolle mehr. Die weitverbreitete Meinung, bei einer Pleite sei bei einer AG zumindest das Grundkapital noch vorhanden, treffe nicht zu.

2. Wie wirkt sich der Euro allgemein auf die Aktienmärkte aus?

Rein technisch gesehen hat der Euro seit Beginn des Jahres 1999 keinen direkten Einfluß auf die tatsächliche Höhe der Aktienkurse. Seit dem 4. Januar 1999 werden die Börsenkurse nach dem Umrechnungskurs notiert. Die Halbierung der Notierungen sagt allerdings nichts über den weiteren Kursverlauf aus.
Mit der Europäischen Währungsunion entstand in Europa der zweitgrößte Aktienmarkt der Welt. Mit einer Kapitalisierung von etwa 3,5 Billionen D-Mark ist er den großen Märkten in den USA und Japan ebenbürtig und wird ihnen auf Dauer kräftig Konkurrenz machen. Analysten und Bankfachleute sind einhellig der Meinung, daß die Euro-Aktien aller Voraussicht nach einen kräftigen Schub versetzt bekommen werden. Nicht nur Anleger aus den EWU-Ländern, sondern auch institutionelle Investoren werden sich verstärkt auf dem europäischen Markt eindecken. Gerade US-Investoren werden nach Alternativen zur US-Börse suchen. Ein weiterer Grund, weshalb der Euro den europäischen Aktienmarkt beflügeln dürfte, sind die steigenden Zusammenschlüsse von

Firmen innerhalb Europas, die sich in den kommenden Jahren fortsetzen dürften. Ende 1998 häufen sich die Schlagzeilen von Fusionen innerhalb Europas, aber auch weltweit, die die Phantasie an den Aktienmärkten erneut anregen. Im Automobilbereich, in der Pharma- und Chemiebranche bis hin zu den großen Ölmultis werden Allianzen geschlossen, um dem stärkeren Wettbewerb standhalten zu können.

Sehr gute Wachstumsperspektiven und niedrige Kapitalzinsen bilden hervorragende Grundlagen für die weitere Entwicklung an den europäischen Aktienmärkten. Hinzu kommt der Liquiditätszufluß aufgrund der immer wichtiger werdenden Altersvorsorge, die sich mehr und mehr auf die Aktien stützt. Seit dem 4. Januar 1999 werden die Titel in Euro notiert und abgerechnet. Das erleichtert dem Anleger den Vergleich zwischen den europäischen Werten, da es keine Wechselkurse mehr gibt und dem internationalen Anleger ein fremdwährungsfreier Markt von rund 4000 Werten zur Verfügung steht.

Aber nicht nur die europäischen Standardwerte stehen dem Anleger zur Verfügung. Mit der Schaffung des Neuen Marktes an der deutschen Börse, der sich in seinem Anfangsstadium besonders positiv entwickelte, hat der Anleger nun auch Zugang zu Werten und Firmen, welche sich speziell mit den Technologien der Zukunft auf dem Telekommunikations- und dem Internet-Markt auseinandersetzen.

Entscheidender als die rein technischen Auswirkungen des Euro – eine visuelle Halbierung der Börsenkurse – auf die Aktienmärkte sind nach Ansicht vieler Experten die indirekten Folgen der Währungsunion. Allerdings sind sie auch schwerer einzuschätzen und werden von den Analysten der Banken unterschiedlich beurteilt. So wird beispielsweise die Meinung vertreten, daß durch die Währungsunion Unternehmen in den bisherigen Schwachwährungsländern wie Italien und Spanien Schwierigkeiten

bekommen könnten, weil sie es nicht gewohnt seien, mit einer harten Währung zu arbeiten. Ihnen ist es in Zukunft nicht mehr möglich, über ihre Währung wirtschaftliche Schwächen auszugleichen.
Dagegen seien die Chancen der Unternehmen aus den Hartwährungsländern wie aus Deutschland, Österreich und den Niederlanden weitaus größer, weil sie es gewohnt seien, Gewinne zu erzielen, ohne sich dabei auf Abwertungen der eigenen Währung verlassen zu müssen. Auch britischen Firmen werden Chancen eingeräumt, von der Euro-Einführung zu profitieren, weil Großbritannien zunächst nicht an der Währungsunion teilnimmt. Doch stellt sich hier die Frage, ob die britischen Unternehmen künftig mit einem starken Pfund zu kämpfen haben oder von einem starken Euro bei Exporten aufs europäische Festland profitieren.
Mehrheitlich wird zu Beginn des Jahres 1999 die Meinung vertreten, daß die europäischen Aktienmärkte insgesamt von der Einführung des Euro eher profitieren werden, weil sich mit dem Euro auch ein großer und damit attraktiver gemeinsamer europäischer Aktienmarkt abzeichnet, auf dem die Firmen viel besser als bisher miteinander verglichen werden können. So wird es möglich sein, Bilanzen, Perspektiven und Aktienkurse von Gesellschaften aus der gleichen Branche, aber unterschiedlichen Euroländern ohne Umrechnung direkt aneinander zu messen.

Argumente für weiter steigende Börsenkurse:

1. Der Euro fördert die Wahrscheinlichkeit weiterer Fusionen. Die Notwendigkeit der Restrukturierung großer Unternehmen wird sich positiv auf langfristige Gewinnentwicklungen auswirken. Durch den neuen europäischen Kapitalmarkt, der viel transparenter ist und neue Investitionen begünstigt, wird das Interesse von Anlegern in der ganzen Welt auf die europäischen Aktienmärkte gelenkt.

2. Für ein renditeträchtiges Engagement lassen die anhaltend niedrigen Zinsen dem Anleger keine andere Wahl als den Aktienmarkt. Zusätzlich begünstigen die Zinsen den Konjunkturaufschwung und wirken als Stütze für die europäische Wirtschaft.

3. Die vorhandene hohe Liquidität wird zum großen Teil in die europäischen Aktienmärkte fließen. Hinzu kommt die Notwendigkeit privater Aktienvorsorge, die den Aktien zugutekommt, sei es durch direkte Käufe oder durch Anlagen in Fonds. Die Möglichkeit der Unternehmen, eigene Aktien zurückzukaufen, kann die Kurse beflügeln. So hatte z. B. die Schering-Aktie nach begonnenen Rückkäufen in kurzer Zeit 20 Prozent Kursanstieg zu vermelden.

Diese Tatsachen mahnen auch weiterhin zur Vorsicht:

1. Die gesetzlichen Grundlagen der neuen rot-grünen Regierung haben die Kapitalmärkte etwas verunsichert. Eine verlängerte Spekulationsfrist und die Ausweitung der Spekulationssteuer könnte so manchen Anleger veranlassen, sein Kapital im Ausland anzulegen. Die Unsicherheit der deutschen Steuerpolitik hemmt vorläufig die Investitionsneigung deutscher Unternehmen.

2. Gewinnaussichten und Konjunkturaufschwung sind etwas trübe. Die weltwirtschaftliche Lage läßt noch keinen Optimismus aufkommen.

3. Weltweite Wirtschaftskrisen wie in Brasilien, Rußland oder in Asien sind noch nicht endgültig vom Tisch. Kurzfristige Störungen verunsichern die Aktienmärkte. Daher wird auch in Zukunft die Devise gelten, man solle nicht alle Eier in einen Korb legen. Weltweite Diversifikation sowohl in Aktien als auch in Rentenpapieren dürfte weiterhin das erste Gebot der Kapitalanleger sein!

3. Wie sich der Euro bei Wertpapierabrechnungen bemerkbar macht

Seit Anfang des Jahres 1999 hat jeder Wertpapierkunde gemäß dem Grundsatz »kein Zwang – keine Behinderung« die Möglichkeit zu entscheiden, ob er bei seiner Bank als »DM-Kunde« oder als »Euro-Kunde« geführt wird. Wer sich mit der Umstellung noch etwas Zeit lassen will, wird die neue Währung nur als zusätzliche Information auf seinen Auszügen bzw. Depotaufstellungen vorfinden.

Was passiert mit bestehenden Wertpapierbeständen?

Aufgrund des Gesetzes zur Umstellung von Schuldverschreibungen auf Euro können öffentliche und private Emittenten ihre nach deutschem Recht begebenen Schuldverschreibungen zu jedem beliebigen Termin ab 1. Januar 1999 von D-Mark oder einer anderen EWU-Teilnehmerwährung auf Euro umstellen. Ferner besteht die Möglichkeit, die Zinsberechnungsmethode der jeweiligen Emissionen zum nächsten Zinstermin internationalen Handelsgebräuchen anzupassen. Für Emissionen nach dem Recht der zehn anderen EWU-Staaten gelten entsprechende nationale Regelungen. Eine Verpflichtung zur Umstellung besteht nicht.
Macht ein Emittent von seinem Umstellungsrecht keinen Gebrauch, ändert sich auch für den Kunden nichts. Die Wertpapiere lauten unverändert auf D-Mark, FF oder öS und werden bei Endfälligkeit in der Währung des Geldkontos eingelöst. Lautet dieses dann bereits auf Euro, wird der Einlösungsbetrag mit dem sog. »Konversionsfaktor« (am 1. Januar 1999 unveränderlich festgelegter Umrechnungskurs der nationalen Währungen gegenüber dem Euro) in Euro umgerechnet.
Emittenten, die den Nennwert ihrer Schuldverschreibungen umstellen wollen, müssen sich dabei an verbindlich festgelegte Methoden halten. In den meisten Ländern

werden die Emittenten eine exakte, auf zwei Nachkommastellen kaufmännisch gerundete Umrechnung des Nominalbetrages in Euro (1-Cent-Methode) vornehmen.
Umstellungen nach der in Frankreich und den Niederlanden zur Anwendung kommenden Eine-Euro-Methode erfolgen grundsätzlich in gleicher Weise, jedoch werden hierbei entstehende Nachkommabeträge abgeschnitten und aufgezinst Ihrem Geldkonto gutgeschrieben.
Die Auswirkungen der Euro-Einführung auf vorhandene Aktienbestände sind in der Praxis sehr gering, da die meisten Aktiengesellschaften ihre Aktien wie beschrieben in Stückaktien ohne festen Nennwert umwandeln werden.
Das Kapital der Gesellschaft wird dabei zwar auf die neue Währung umgestellt, die Stückzahl der im Depot gebuchten Aktien bleibt jedoch grundsätzlich unverändert.
Aktiengesellschaften, die an einem festen Nennwert für ihre Aktien festhalten wollen, werden ihr Grundkapital nach entsprechendem Beschluß der Hauptversammlung durch eine Kapitalerhöhung, eine Kapitalherabsetzung oder eine Kombination dieser Maßnahmen dahingehend anpassen, daß sich ein runder Euro-Nennwert je Aktie (Mindestbetrag = 1 Euro) ergibt.
Die Anzahl der im Depot vorhandenen Investmentanteile bleibt in jedem Fall unverändert.

Wie wird mit Umrechnungsdifferenzen bei Wertpapierkäufen und -verkäufen umgegangen?

Wer zunächst noch »D-Mark-Depotkunde« bleiben möchte, wird von seiner Bank auch weiterhin D-Mark-Abrechnungen bekommen, die sich aber vom gewohnten Erscheinungsbild dadurch unterscheiden, daß sie eine Umrechnungsdifferenz EUR/DEM ausweisen. Diese ergibt sich daraus, daß bei den Banken zunächst in jedem Fall die Abrechnung in Euro erfolgt, die dann in einem separaten Verarbeitungsschritt Feld für Feld mit dem

Konversionsfaktor in D-Mark umgerechnet wird. Da dieser fünf Nachkommastellen haben wird, sind kaufmännische Rundungen unvermeidbar. Es ist deshalb möglich, daß der D-Mark-Endbetrag der Abrechnung um Pfennigbeträge vom Saldo der Einzelbeträge abweicht.
Beispiel: Sie kaufen 130 Aktien der XY-AG zum Kurs von 50,57 Euro je Stück zum Umrechnungskurs von 1,95583 D-Mark.

	Euro	DM
Kurswert:	6.574,10 x 1,95583 =	12.857,82
Clearinggebühr	2,27 x 1,95583 =	4,44
Provision	65,74 x 1,95583 =	128,58
Maklergebühr	5,26 x 1,95583 =	10,29
Saldo der Einzelposten	6.647,37	13.001,13
Ausmachender Betrag	6.647,37 x 1,95583 =	13.001,12
Differenz = 0,01 D-Mark		

Die aufgezeigte Differenz kann je nach Konstellation positiv oder negativ sein. Entscheidend ist jedoch, daß sie nicht mit einem Vermögensnachteil für den Kunden verbunden ist, da in jedem Fall der ausmachende Betrag der originären Euro-Abrechnung bzw. dessen über den Konversionsfaktor ermittelter D-Mark-Gegenwert auf dem Kundenkonto gebucht wird. Dieser Betrag wird unabhängig von der Abrechnungswährung auch generell in D-Mark und in Euro ausgewiesen. Auf diese Weise läßt sich jederzeit die Übereinstimmung zwischen Abrechnung und Buchung nachprüfen.

Welche Änderungen ergeben sich bei Einlösungen und bei Vergütungen von Wertpapiererträgen?

Die Banken und Sparkassen weisen darauf hin, daß es aus technischen Gründen zunächst nicht möglich sei, alle Einzelbeträge der Abrechnung wahlweise in D-Mark

oder Euro darzustellen. Vorgesehen ist, die Dokumentation einheitlich in Euro vorzunehmen und nur den Endbetrag in beiden Währungen auszuweisen.
Auch hier kann es zu Umrechnungsdifferenzen kommen. Diese resultieren aus der notwendigen kaufmännischen Rundung bei der Umrechnung in Euro, werden aber keinesfalls höher als ein Pfennig sein. Sofern diese Differenzen zu Lasten des Kunden gehen, sind die Sparkassen bereit, den Fehlbetrag zu erstatten.
Bei der Bescheinigung von abgeführten Steuern sind die Banken laut Angaben an die Vorgaben der Finanzbehörden gebunden, die zunächst noch von einem Ausweis in D-Mark ausgehen. Da sich einige Länderfinanzministerien jedoch bereits dahingehend geäußert haben, die Abgabe von Steuererklärungen in Euro zulassen zu wollen, werden in den Steuerbescheinigungen der Kreditinstitute zusätzlich sämtliche Beträge in Euro ausgewiesen.

Wie wirkt sich der Euro auf die Notierungen und Abrechnungen von Investmentfonds aus?

Seit Anfang 1999 werden wie die Aktienkurse auch die Anteilspreise der Investmentfonds in Euro ermittelt und notiert. Die Umrechnung erfolgte auch hier mit dem entsprechenden Umrechnungskurs.
Für Anleger ist wichtig zu wissen, daß bis zum 31. Dezember 2001 Kauf- oder Verkaufsaufträge entweder noch in D-Mark oder in Euro erteilt werden können. Es ist darauf zu achten, daß bei Auftragserteilung die Währungseinheit (DEM oder EUR) angegeben wird. Für laufende Abbuchungsaufträge/Einzahlungen in Fonds gilt, daß sie bis 2002 in D-Mark weiterlaufen, es sei denn der Sparer beauftragt sein Kreditinstitut jetzt schon, die Abbuchung in Euro vorzunehmen. Die Abrechnungen der Gesellschaften werden sowohl in D-Mark wie auch in Euro erstellt, es sei denn, das Konto wird bereits ab Anfang 1999 in Euro geführt.

Erforderliche Steuerdaten wie der Ausweis von Zwischengewinnen oder thesaurierte Erträge werden bis Ende 2001 in D-Mark und Euro notiert. Auch für die Gebühren gilt die entsprechende Umrechnung, ohne daß sich der Unterschied zwischen Ausgabe- und Rücknahmepreis der Fonds ändert.
Die Fonds-Palette der Zukunft wird sich etwas von der bisherigen unterscheiden, da europäische Länderfonds stärker branchenorientiert ausgerichtet werden bzw. Länderfonds allmählich verschwinden und Branchenfonds dominieren werden.
Grundsätzlich wird das Fonds-Sparen weiter an Bedeutung gewinnen. Dafür spricht neben der niedrigen Verzinsung von Sparanlagen vor allem die Notwendigkeit der privaten Altersvorsorge.

Müssen die Freistellungsaufträge geändert werden?

Noch gibt es keine Freibeträge in Euro. Deshalb gelten die festgesetzten Summen in D-Mark weiter. Wichtig gegen Ende 1999: wenn die Freibeträge auf 3000 bzw. 6000 D-Mark halbiert werden, unbedingt überprüfen, bei welchen Banken noch Freiräume bestehen bzw. überlegen, mit welcher Anlagestrategie die Freibeträge optimal ausgeschöpft werden können.

4. Wie wird sich die Aktienkultur in Deutschland mit dem Euro weiterentwickeln?

Die deutsche Aktienkultur wird durch den Euro weiter profitieren, darüber sind sich Fachleute einig. Seit Anfang der 90er Jahre hat sich einiges zugunsten der Aktie als Anlageform verändert. Diese Tendenz zur Aktie als langfristige Kapitalanlage wird durch den Euro weiter gestärkt. Die Erfolge der letzten Jahre bilden eine ausbaufähige Basis und sprechen dafür, das zarte Pflänzchen »Aktie« weiter zu hegen und zu pflegen.

Der Vorstand des Deutschen Aktieninstituts, Prof. Dr. Rüdiger von Rosen, hat die Erfolge der letzten Jahre folgendermaßen zusammengefaßt: Das Jahr 1998 war ein Rekordjahr im Hinblick auf den Börsengang junger Unternehmen. Ende Oktober waren es bereits über 60 deutsche Unternehmen, die den Gang an die Börse gewagt haben. Weitere 70 Unternehmen planen ihr Going public für die nächsten zwei Jahre. Sehr positiv hat sich die Zahl der Privatanleger und der private Aktienbesitz entwickelt. Im Jahr 1998 gab es bereits 4,4 Millionen Anleger, die seit über 14 Jahren Aktienbesitzer sind. Nimmt man die Inhaber von Fondsanteilen dazu, sind es sogar 6,3 Millionen Bundesbürger, die sich direkt oder indirekt mit der Aktie beschäftigen. Ein Gesamtwert, der in Richtung 500 Milliarden D-Mark bei den Aktien tendiert und eine ähnliche Größenordnung bei den Investmentfonds zeigen, wohin der Weg führt.

Gefördert wurde der Aktienbesitz auch vom Gesetzgeber durch sein Finanzmarktförderungsgesetz und die Genehmigung zum Rückkauf eigener Aktien, die den Unternehmen eine höhere Flexibilität in ihrer Finanzierungspolitik einräumt. Noch läßt die steuerliche Förderung der Aktie aber auf sich warten, die Entscheidungen der neuen Regierung gehen leider in eine andere Richtung, um vorhandene Finanzierungslöcher zu stopfen.

Gewinner des Jahres 1998 war der Neue Markt. Mit der Schaffung dieses Börsensegments, das insbesondere junge, technologieorientierte Wachstumsunternehmen mit Wagniskapital versorgt, ist eine wichtige Lücke in der deutschen Börsenlandschaft geschlossen worden. Das innovative Handelssegment kommt Anlegern wie Neuemittenten entgegen. Die gelegentlich befürchtete »Zockermentalität« hat sich nicht eingestellt; der Neue Markt hat sich im Vergleich zum Gesamtmarkt als stabilisieren-

des Element erwiesen, dem auch in Zukunft kräftige Wachstumschancen eingeräumt werden.
Dafür sorgen vor allem junge Unternehmen, die in den Bereichen Telekommunikation und Internet tätig sind.
Die Aktie ist als langfristig rentabelste und dabei sichere Anlegeform zur Unterstützung der Altersvorsorge besonders geeignet. Wer in Aktien investierte und sein Depot 40 Jahre lang hielt, konnte seit Gründung der Bundesrepublik Deutschland ganz unbeeinträchtigt von den Börsenschwankungen eine Rendite erzielen, die deutlich über der Rendite anderer Anlageformen lag.
Der jährliche reale Renditevorsprung von Aktien betrug im Durchschnitt gegenüber festverzinslichen Wertpapieren 5,34, mindestens aber 3,05 Prozent. Über etwas kürzere Anlagezeiträume von 30 Jahren fielen die Ergebnisse kaum schlechter aus. Nur in einem einzigen 30jährigen Anlagezeitraum, von 1961 bis 1990, wiesen Aktien im Durchschnitt eine niedrigere jährliche Rendite auf als festverzinsliche Wertpapiere. Die Differenz betrug aber auch hier nicht mehr als 0,33 Prozent p.a.
Betrachtet man die verschiedenen Anlagezeiträume, konnte im Durchschnitt mit Aktien über 30 Jahre hinweg eine um 3,65 Prozentpunkte höhere jährliche Rendite erzielt werden, woraus unter der Berücksichtigung der Zins- und Zinseszinseffekte ein fast dreimal so hohes Endvermögen resultierte, so die Zahlen des Deutschen Aktieninstituts (DAI).
Die kräftigen durch die weltweiten Turbulenzen verursachten Kursausschläge können die Vorzüge der Aktie nicht schmälern. Sie machen immer wieder deutlich, daß die Börse keine Einbahnstraße ist. Die Vorteile der Aktienanlage können nur bei einem langfristigen Anlagehorizont voll zur Geltung kommen, deshalb sind die drei wichtigsten Eigenschaften des Aktionärs Geduld, Geduld und nochmals Geduld.

5. Welche Branchen und welche Einzelwerte werden am stärksten vom Euro profitieren?

Euro-Indizes dienen als Benchmark

Mit dem Euro wächst sowohl der Wirtschaftsraum als auch der Kapitalmarkt. Beides kommt sowohl international tätigen Unternehmen als auch ihren Aktionären zugute. Der Anlagehorizont der deutschen Anleger wird seit Anfang 1999 über die Landesgrenzen hin verschoben.

Alle Kurse notieren in Euro. Damit entfällt für den Anleger lästiges Umrechnen, wenn er eine deutsche mit einer spanischen oder niederländischen Aktie vergleichen will. Die Europäisierung der Depots in den elf Euro-Ländern führt zu großen Umschichtungen. Anfang 1999 sind schätzungsweise 70 Prozent der Aktien in deutschen Depots Titel einheimischer Unternehmen.

Seit 1998 hat der deutsche DAX europäische Gesellschaft bekommen. In den »Euro-Stoxx«-Indizes sind die größten europäischen Unternehmen enthalten. Vier Stoxx-Indizes werden als neue Meßlatten für den Anlageerfolg der Fonds-Branche dienen. Die Index-Familie gliedert sich in zwei Börsenbarometer für den Euro-Raum und zwei für Gesamteuropa (inklusive Großbritannien, Schweiz und Schweden). Die marktbreiten Indizes enthalten 665 Aktien (Stoxx 665) sowie 326 Werte (Euro Stoxx 326). In den beiden kleineren Indizes Dow Jones Euro Stoxx 50 und Euro Stoxx 50 sind jeweils 50 Blue chips enthalten.

Zu unterscheiden sind hier der »Euro-Stoxx 50«, der nur Aktien der elf Euro-Länder enthält, und der »Dow Jones Euro Stoxx 50«, in dem auch Werte der Nicht-EU-Länder wie Schweiz oder Großbritannien enthalten sind. An der Wertentwicklung dieser Indizes werden die Erfolge der europäischen Fondsmanager gemessen. Sie dienen als »Benchmark« (Meßlatte) und werden zum Vergleich herangezogen. Die gesamte Investmentbranche hat ihre Palette um diese europäischen Aktien erweitert. Ein Großteil der zufließenden Liquidität wird in diesen marktbreiten und liquiden Werten angelegt. Die Gewichtung nach Länderkriterien wird immer weniger wichtig, sie weicht einer europaweiten Branchenanalyse, wo sich beispielsweise eine Deutsche Bank mit einer niederländischen ABN Amro, oder eine Deutsche Telekom mit einer spanischen Telefónica oder der France Telekom vergleichen lassen muß.

Die Gewichtung der deutschen Aktien im Dow Jones Euro Stoxx beträgt etwa 28 Prozent. Es muß damit gerechnet werden, daß gewaltige Summen innerhalb Europas umgeschichtet werden.

Einheitliche Währung und einheitliches Zinsniveau, eine weitgehend übereinstimmend niedrige Inflationsrate sowie eine koordinierte Fiskalpolitik machen die Berücksichtigung der jeweiligen makroökonomischen Unterschiede der Euro-Länder überflüssig.

Da die europäischen Wechselkursrisiken wegfallen, wird es für den privaten wie den institutionellen Anleger einfacher, sein Aktienportfolio international zu streuen, wobei die Gewichtung der europäischen Werte im Mittelpunkt steht. Aus deutscher Sicht gehören die exportintensiven Branchen der Automobilindustrie, des Maschinenbaus, der chemischen Industrie und der Elektrotechnik zu den Gewinnern, da bei ihnen das Einsparungspotential durch den Wegfall von Transaktions- und Sicherungskosten am stärksten ist.

Für den deutschen Anleger bedeutet die Gewichtung der neuen Euro Stoxx Indizes, daß er sich zukünftig nicht nur auf deutsche Standardwerte wie DaimlerChrysler (stärkster Dax-Wert), Siemens oder Bayer konzentrieren sollte, sondern daß jetzt auch Branchen berücksichtigt werden müssen, die bisher nicht im DAX vertreten waren. Dazu zählen beispielsweise verstärkt die Branchen Konsum/Nahrung (vertreten durch LVMH, Unilever,

L'Oréal), Öl und Gas (dazu gehören Royal Dutch, Repsol, Petrofina, ENI, Elf Aquitaine) sowie Telekommunikation (Deutsche Telekom, France Telekom, KPN, Portugal Telecom, Telecom Italia und Telefónica). Die Indexschwergewichte im Euro Stoxx 50 sind Royal Dutch, die Allianz und DaimlerChrysler.

Wer bisher verstärkt in deutschen Aktien investiert hat, sollte jetzt auch die genannten europäischen Werte mit ins Depot nehmen. Damit wird seine Diversifikation europaweit ausgebaut, sein Depot wird weniger schwankungsanfällig, sein Anlagerisiko geringer, da trotz weitgehend paralleler Kursverläufe von DAX und Euro Stoxx in den Jahren 1997 und 1998 die Schwankungsbreite des Euro Stoxx 50 niedriger war als beim DAX.

Die Analysten von Lehman Brothers haben ihre Euro-Strategie folgendermaßen dargestellt (*Capital* 12/98): Sie rechnen damit, daß Deutschland, Frankreich, Portugal und – in etwas geringerem Ausmaß – Italien beträchtliche Kapitalzuflüsse erhalten werden. Alle anderen Länder müssen mit Abflüssen rechnen. Am härtesten trifft es Irland, gefolgt von den Niederlanden. Bei einzelnen Aktien beeinflussen diese Umschichtungen die Kurse. So profitieren nach den Berechnungen von Lehman Brothers sechs deutsche sowie drei französische Aktien. Für den Börsenkurs sind die Aktien im Streubesitz entscheidend. Aktien in festen Händen beeinflussen die Angebot-Nachfrage-Relation kaum. Die zusätzliche Nachfrage betrifft also nur das Aktienangebot im Streubesitz. Die Deutsche Telekom kann mit einer kräftigen Zusatznachfrage aus diesen Umschichtungen rechnen. France Telekom wird die zweitbegehrteste Aktie, gefolgt von Allianz, DaimlerChrysler und L'Oréal. Zusätzliche Nachfrage entsteht auch nach den Aktien des französischen Luxusgüterherstellers LVMH, des Versorgungswerts RWE und der Deutschen Bank. In einer zweiten Stufe folgt die Spekulation über Veränderungen im Index. Kriterien für die Aufnahme sind die Größe der Unternehmen an der

Börse, die Liquidität der einzelnen Aktiengattungen und auch die Branchenzugehörigkeit. SAP gilt als Aufstiegskandidat. Da Vorzugs- und Stammaktien getrennt zur Berechnung berücksichtigt werden, verpaßten die Walldorfer Softwarespezialisten den Start im Blue-Chip-Index. Die Aufnahme der SAP-Vorzugsaktie ist nach Meinung der Analysten nur eine Frage der Zeit.
Neben den Gewinnern wird es auch Verlierer geben. Dazu gehören die Blue-Chips, welche den Aufstieg in die Euro-Indizes nicht schafften. Beispielsweise gehört die Bayer-Aktie zu den Auserwählten, während die anderen Chemie- und Pharmawerte des DAX wie BASF, Hoechst, Henkel, Schering und Degussa nicht zur ersten Liga gehören.
Bei den Autoaktien hat DaimlerChrysler die Nase vorn, und bei den Banken ist die Deutsche Bank die Nummer 1. Der Branchenansatz wird von den Analystenteams der großen Banken bevorzugt. Wie schnell die Stimmung für einzelne Werte umschlagen kann, zeigen Technologie-Aktien. So fielen beispielsweise Philips Electronics nach einer Gewinnwarnung um etwa die Hälfte ihres Wertes. Die deutsche Siemens zählt seit Jahren zu den »Underperformern«. Glaubt die Börse an das Restrukturierungsprogramm, hat die Siemens-Aktie großes Potential. Als sichere Anlage gilt die finnische Nokia, die vom weltweiten Handy-Boom profitiert. Das Telefongeschäft hält man für den Wachstumsmarkt der nächsten Jahre. Vor allem Telefonnetzbetreiber sind die Gewinner. Von den im Euro Stoxx 50 vertretenen Telekom-Aktien rechnen Analysten besonders bei der spanischen Telefónica mit großen Kurschancen. Die Durchdringung in Spanien sowohl im Fest- als auch im Mobilnetz ist noch gering, wächst aber gewaltig. Beteiligungen in Südamerika sorgen für Kursgewinne – vorausgesetzt, die dortigen Finanzkrisen (besonders die Brasiliens) weiten sich nicht aus.
Versorgungsaktien wie Electrabel, Endesa, RWE oder

Vivendi gehören zu den Basisanlagen eines Euro-Depots. Die Favoriten werden wechseln, je nach Bank oder Analystenteam werden fast täglich neue Favoriten gekürt oder Verlierer ausgerufen. Lassen Sie sich durch die Vielfalt der Meinung nicht verunsichern! Das wichtigste Thema der nächsten Jahre werden die europäische Börse und, damit einhergehend, die europäischen, in den Stoxx-Indizes vertretenen Werte sein. Sie sollten favorisiert werden: als Einzelwerte, in den europäischen Aktienfonds oder durch den Kauf der Euro-Stoxx-Zertifikate.

VI. Informationsquellen, Internetadressen und Telefonnummern, die Ihnen weiterhelfen

Um gemeinsam über die Wirtschafts- und Währungsunion zu informieren, haben sich drei Partner zur »Aktionsgemeinschaft Euro« zusammengeschlossen: Bundesregierung (Bundespresseamt), Europäische Kommission (Vertretung in Deutschland) und Europäisches Parlament (Informationsbüro für Deutschland).
Die Aktionsgemeinschaft hat ein Service-Centrum eingerichtet. Es hält für interessierte Bürger Antworten auf ihre Fragen rund um den Euro bereit.

Anschrift:

Aktionsgemeinschaft Euro
Service-Centrum
Poppelsdorfer Allee 44
53115 Bonn

Tel. 02 28/98 16 60 Fax: 02 28/98 16 64
Email: service-centrum@aktionsgemeinschaft.euro.de

Einen direkten Draht für alle Bürger, die Fragen zum Euro haben, bietet das »Euro-Bürgertelefon«. Dort erhalten Sie persönliche Auskunft und Beratung bundesweit zum Ortstarif. Sie sind verbunden mit dem Service-Centrum der Aktionsgemeinschaft Euro. Fachleute antworten montags bis freitags von 09.00 Uhr bis 19.00 Uhr und samstags von 09.00 Uhr bis 14.00 Uhr.
Zusätzlich können über die »Euro-Line« Broschüren be-

stellt und Informationen elektronisch abgerufen werden. Auch hier besteht die Möglichkeit, sich mit einem Euro-Berater verbinden zu lassen. Telefon: 01 80/522-19 99.
Die Industrie- und Handelskammern verfügen bundesweit über ein Netz von »Euro-Geld-Beauftragten«, die Ihnen bei Fragen und Anliegen aus dem Bereich Wirtschaft, Handel und Gewerbe weiterhelfen können.

Die 83 Eurogeld-Beauftragten

Ein Experte ist immer in Ihrer Nähe: Über ein bundesweites Netz von Ansprechpartnern verfügen die Industrie- und Handelskammern. 83 „Eurogeld-Beauftragte" – einer pro Kammer – kümmern sich kompetent und praxisorientiert um Fragen und Anliegen aus dem Kreis von Wirtschaft, Handel und Gewerbe.

Register nach Orten	Name	Adresse	Telefon / Telefax
A	**A. Hoeckle** IHK	Postfach 650 52007 **Aachen**	Tel. 0241 / 4460296 Fax 0241 / 4460259
	André Berude IHK	Postfach 53 45 59818 **Arnsberg**	Tel. 02931 / 878142 Fax 02931 / 878100
	Armin Eisert IHK	Postfach 17 63701 **Aschaffenburg**	Tel. 06021 / 880114 Fax 06021 / 87981
	Dr. Peter Lintner IHK	Postfach 10 18 80 86008 **Augsburg**	Tel. 0821 / 3162279 Fax 0821 / 3162172
B	**Dr. Hans Kolb** IHK	Postfach 10 06 53 95406 **Bayreuth**	Tel. 0921 / 886158 Fax 0921 / 12778
	Dr. Manfred Kern IHK	Hardenbergstr. 16 - 18 10623 **Berlin**	Tel. 030 / 31510288/289 Fax 030 / 31510108
	Dr. Christoph von der Heiden IHK	Postfach 10 03 63 33503 **Bielefeld**	Tel. 0521 / 554128 Fax 0521 / 554103
	Dr. Hans-Peter Merz IHK	44782 **Bochum**	Tel. 0234 / 9113133 Fax 0234 / 9113110
	Gert H. Ulrich IHK	Postfach 18 20 53008 **Bonn**	Tel. 0228 / 2284166 Fax 0228 / 2284170
	Dr. Klaus Hüttinger IHK	Postfach 32 69 38022 **Braunschweig**	Tel. 0531 / 4715247 Fax 0531 / 4715347

Abb. 21

Register nach Orten	Name	Adresse	Telefon/Telefax
B	**Dr. Matthias Fonger** IHK	Am Markt 13 28195 **Bremen**	Tel. 0421 / 3637316 Fax 0421 / 3637326
	Volker Schneimann IHK	Postfach 10 05 40 27505 **Bremerhaven**	Tel. 0471 / 9246052 Fax 0471 / 9246090
C	**Frank Lange** IHK	Postfach 464 09004 **Chemnitz**	Tel. 0371 / 6900500 Fax 0371 / 643018
	Hubert Westhäuser IHK	Postfach 20 43 96409 **Coburg**	Tel. 09561 / 742611 Fax 09561 / 742615
	Thomas Schmalz IHK	Postfach 10 06 61 03006 **Cottbus**	Tel. 0355 / 365200 Fax 0355 / 365266
D	**Gerold Schmiedbach** IHK	Postfach 10 07 05 64207 **Darmstadt**	Tel. 06151 / 871249 Fax 06151 / 871281
	Axel Gerberding IHK	Postfach 19 61 32709 **Detmold**	Tel. 05231 / 760121 Fax 05231 / 760157
	Helmut Halfmann IHK	Postfach 14 63 35664 **Dillenburg**	Tel. 02771 / 90542 Fax 02771 / 90528
	Jürgen Neumeyer IHK	Postfach 10 50 35 44047 **Dortmund**	Tel. 0231 / 5417230 Fax 0231 / 5417195
	Dieter Jähnichen IHK	01241 **Dresden**	Tel. 0351 / 28020 Fax 0351 / 2802280
	Theodor Friedhoff IHK	Postfach 10 15 08 47015 **Duisburg**	Tel. 0203 / 2821288 Fax 0203 / 26533
	Dr. Udo Siepmann IHK	Postfach 10 10 17 40001 **Düsseldorf**	Tel. 0211 / 3557254 Fax 0211 / 3557379
E	**Reinhard Hegewald** IHK	Postfach 17 52 26697 **Emden**	Tel. 04921 / 890124 Fax 04921 / 890166
	Sabine Wechsung IHK	Postfach 225 99005 **Erfurt**	Tel. 0361 / 3484221 Fax 0361 / 3484383
	Klaus Beckmann IHK	45117 **Essen**	Tel. 0201 / 1892220 Fax 0201 / 207866
F	**Winfried Berweger** IHK	Postfach 19 42 24909 **Flensburg**	Tel. 0461 / 806129 Fax 0461 / 806171
	Dieter Schwab IHK	60284 **Frankfurt/Main**	Tel. 069 / 2197210 Fax 069 / 2197483
	Oliver Falk IHK	Postfach 343 15203 **Frankfurt/Oder**	Tel. 0335 / 5621238 Fax 0335 / 324373
	Robert Malzacher IHK	Goetheplatz 3 61169 **Friedberg**	Tel. 06031 / 609110 Fax 06031 / 609180
	Martin Räth IHK	Postfach 629 36006 **Fulda**	Tel. 0661 / 28414 Fax 0661 / 28444

Register nach Orten	Name	Adresse	Telefon / Telefax
G	**Eduard Schwartz** IHK	Humboldtstr. 14 07548 **Gera**	Tel. 0365 / 8553226 Fax 0365 / 8553228
	Hans-Jürgen Pohl IHK	Postfach 11 12 20 35357 **Gießen**	Tel. 0641 / 795444 Fax 0641 / 795449
H	**Jochen Schröder** IHK	58085 **Hagen**	Tel. 02331 / 390216/306 Fax 02331 / 390212
	Anja Reutter IHK	Postfach 20 07 54 06008 **Halle (Saale)**	Tel. 0345 / 2126281 Fax 0345 / 2029649
	Dr. Günther Klemm IHK	Postfach 11 13 49 20413 **Hamburg**	Tel. 040 / 36138361 Fax 040 / 36138325
	Fritz Hoelke IHK	Postfach 16 51 63406 **Hanau**	Tel. 06181 / 929050 Fax 06181 / 929077
	Dr. Martin Rudolph IHK	Postfach 32 06 30032 **Hannover**	Tel. 0511 / 3107231 Fax 0511 / 3107450
	Dr. Wolfgang Niopek IHK	Hans-Böckler-Str. 4 69115 **Heidelberg**	Tel. 06221 / 901710 Fax 06221 / 901717
	Klaus Moser IHK	Postfach 14 60 89504 **Heidenheim**	Tel. 07321 / 324115 Fax 07321 / 324169
	Dr. Helmut Kessler IHK	Postfach 22 09 74012 **Heilbronn**	Tel. 07131 / 9677111 Fax 07131 / 9677119
K	**Dr. Matthias Leder** IHK	Postfach 34 40 76020 **Karlsruhe**	Tel. 0721 / 174173 Fax 0721 / 174257
	Dr. Ruprecht Bardt IHK	Postfach 10 19 49 34019 **Kassel**	Tel. 0561 / 7891274 Fax 0561 / 7891290
	Manfred Duffke IHK	Lorentzendamm 24 24103 **Kiel**	Tel. 0431 / 5194266 Fax 0431 / 5194234
	Dr. Thorsten Slink IHK	Postfach 10 09 56010 **Koblenz**	Tel. 0261 / 106180 Fax 0261 / 106234
	Detlev Sachse IHK	Unter Sachsenhausen 10 - 26 50667 **Köln**	Tel. 0221 / 1640150 Fax 0221 / 1640272
	Manfred Goossens IHK	Postfach 10 09 43 78409 **Konstanz**	Tel. 07531 / 286032 Fax 07531 / 286070
	Franz Palm IHK	Postfach 14 30 47714 **Krefeld**	Tel. 02151 / 635122 Fax 02151 / 635138
L	**Petra Steck** IHK	Lotzbeckstr. 31 77933 **Lahr**	Tel. 07821 / 270334 Fax 07821 / 270322
	Dieter Kupko IHK	04091 **Leipzig**	Tel. 0341 / 1267404 Fax 0341 / 1267421
	Alfred Jung IHK	Postfach 12 63 65532 **Limburg**	Tel. 06431 / 80918094 Fax 06431 / 25190

Register nach Orten	Name	Adresse	Telefon / Telefax
L	**Markus Anselment** IHK	Postfach 13 65 88103 **Lindau**	Tel. 08382 / 4094 Fax 08382 / 4057
	Wulf Hermann IHK	23547 **Lübeck**	Tel. 0451 / 7085264 Fax 0451 / 7085284
	Dr. Rüdiger Beyer IHK	Ludwigsplatz 2 - 3 67059 **Ludwigshafen**	Tel. 0621 / 5904119 Fax 0621 / 5904171
	Roland Schulz IHK	Postfach 18 80 21308 **Lüneburg**	Tel. 04131 / 742136 Fax 04131 / 742180
M	**Klaus Herbstreit** IHK	Alter Markt 8 39104 **Magdeburg**	Tel. 0391 / 5693150 Fax 0391 / 5693105
	Edith Neidlinger IHK	Postfach 25 09 55015 **Mainz**	Tel. 06131 / 262125 Fax 06131 / 262169
	Karl Kürzinger IHK	80323 **München**	Tel. 089 / 5116244 Fax 089 / 5116240
	Dr. Bodo Risch IHK	Postfach 40 24 48022 **Münster**	Tel. 0251 / 707298 Fax 0251 / 707325
N	**Christine Aue** IHK	Postfach 20 07 17010 **Neubrandenburg**	Tel. 0395 / 5597205 Fax 0395 / 5597510
	Albrecht Buchwald IHK	90271 **Nürnberg**	Tel. 0911 / 1335394 Fax 0911 / 1335200
O	**Joachim Strauch** IHK	Postfach 10 08 53 63008 **Offenbach**	Tel. 069 / 8207251 Fax 069 / 8207256
	Dr. Günter König IHK	Postfach 25 45 26015 **Oldenburg**	Tel. 0441 / 2220401 Fax 0441 / 2220246
	Gerd Helmut Diestler IHK	Postfach 30 80 49020 **Osnabrück**	Tel. 0541 / 353109 Fax 0541 / 353171
P	**Walter Keilbart** IHK	Postfach 17 27 94030 **Passau**	Tel. 0851 / 507245 Fax 0851 / 507280
	Thomas Walter IHK	Postfach 920 75109 **Pforzheim**	Tel. 07231 / 201152 Fax 07231 / 201158
	Dieter Weinert IHK	Große Weinmeisterstr. 59 14469 **Potsdam**	Tel. 0331 / 2786212 Fax 0331 / 2786231
R	**Dr. Reinhard Rieger** IHK	Postfach 11 03 55 93016 **Regensburg**	Tel. 0941 / 5694217 Fax 0941 / 5694289
	Erich Wyrtki IHK	Postfach 19 44 72709 **Reutlingen**	Tel. 07121 / 201114 Fax 07121 / 201467
	Peter Volkmann IHK	Postfach 10 52 40 18010 **Rostock**	Tel. 0381 / 3380 Fax 0381 / 4591156

Register nach Orten	Name	Adresse	Telefon / Telefax
S	**Dr. Joerg Stephan** IHK	66104 Saarbrücken	Tel. 0681 / 9520413 Fax. 0681 / 9520489
	Siegbert Eisenach IHK	Postfach 01 10 41 19010 Schwerin	Tel. 0385 / 5103151 Fax 0385 / 5103136
	Dr. Ernst H. Wilms IHK	Postfach 10 04 51 57069 Siegen	Tel. 0271 / 330247 Fax 0271 / 330237
	Ulfried Weißer IHK	Postfach 14 29 21654 Stade	Tel. 04141 / 524148 Fax 04141 / 524113
	Hilde Cost IHK	Jägerstr. 30 70174 Stuttgart	Tel. 0711 / 2005252 Fax 0711 / 2005238
	Karin Wackes IHK	Hauptstr. 33 98529 Suhl-Mäbendorf	Tel. 03681 / 362231 Fax 03681 / 362220
T	**Günther Kiefer** IHK	Postfach 22 40 54212 Trier	Tel. 0651 / 9777110 Fax 0651 / 9777153
U	**Walter Müller** IHK	Postfach 24 60 89014 Ulm	Tel. 0731 / 173168 Fax 0731 / 173176
V	**Kurt Kositzke** IHK	Postfach 15 60 78005 Villingen-Schwenningen	Tel. 07721 / 922123 Fax 07721 / 922166
W	**Franz Brackenhofer** IHK	Postfach 13 64 88242 Weingarten	Tel. 0751 / 409151 Fax 0751 / 4091706
	Joseph Durnwalder IHK	Friedenstr. 2 35578 Wetzlar	Tel. 06441 / 94480 Fax 06441 / 944833
	Gustel Bamberger IHK	Postfach 34 60 65024 Wiesbaden	Tel. 0611 / 150048 Fax 0611 / 377271
	Dr. Reinhold Exo IHK	Postfach 13 01 52 42028 Wuppertal	Tel. 0202 / 2490700 Fax 0202 / 2490799
	Rudolf Trunk IHK	Postfach 58 40 97064 Würzburg	Tel. 0931 / 4194265 Fax 0931 / 4194333

Der Euro im Internet

Wer sich im Internet über den Euro informieren möchte, wird beinahe erschlagen von der Vielfalt der Informationsmöglichkeiten. Unter dem Suchbegriff »Europäische Währungsunion« führen die Suchmaschinen mehr als 1.000 Hinweise an. Mehr Sinn hat es, die Euro-Spezial- und Stichwortseiten verschiedener Anbieter anzusteuern. Einen »Brennpunkt Euro« mit Stichworten, Hintergründen und Verbindungen zu anderen Informationsseiten hat auch die WELT Online zusammengestellt. Das Paket ist zu finden unter:

http://www.welt.de./extra/brennpunkte/euro/brennpunkt.htm.

Andere Anbieter von Sonderseiten sind:

Sämtliche Kreditinstitute bieten viele Informationen rund um den Euro an. Wer sich im Zuge des Direkt-Banking über den PC und das Internet direkt informieren möchte und nach kostengünstigen An-

Die Bundesregierung
http://www.bundesregierung.de/03/europaf.html und http://www.bundesregierung.de/inland/bpa/europa/html/body-der-euro.html
Das Europäische Parlament
http://europa.eu.int/euro/html/home3.html?lang=3
Die Europäische Kommission
http://www.newsroom.de/eu-kommission
Der Bundesverband deutscher Banken
http://www.bankenverband.de/presse/euro.htm
Das ZDF: http://www.zdf.msnbc.de/news/COMEURO_Front.asp
Ein Euro-Magazin im Netz beantwortet häufig gestellte Fragen zum Euro http://www.euromagazin.de/basics/1998/faq.html
Aktuelle Agenturberichte sind zu finden unter: http://www.yahoo.de/schlagzeilen/euro.html
Dino Online hat ein Dossier zusammengestellt: http://www.dino-online.de/seiten/goeuro_z.htm
Auch die verschiedenen Banken veröffentlichen Euro-Seiten, die einen Besuch wert sind. So bietet die WestLB ein Euro-Lexikon an: http://www.westlb.de/euro/default.htm
Die Internet-Seite der Europäischen Zentralbank hat die Adresse: http://www.ecb.int/
Eurostat bietet Statistiken über die EU-Mitgliedsländer an: http://europa.eu.int/eurostat.html *imi*

Abb. 22

So erreichen Sie Ihre Direktbank

Institut	Telefon	Internet (http://)	Wer gehört zu wem?
Advance Bank	01803/3330000	www.advance-bank.de	Dresdner Bank
Augsburger Aktienbank	0821/50150	www.aktienbank.de	Allianz
Bank Girotel	01803/250250	www.bank-girotel.de	Berliner Bank
Bank 24	01803/240000	www.bank24.de	Deutsche Bank
com direct bank	01803/322111	www.comdirect.de	Commerzbank
Consors	01803/4445	www.consors.de	Schmidt-Bank
Direkt-Anlage-Bank	01803/252510	www.diraba.de	Bayerische Hypo- und Vereinsbank
1822 direkt	01803/241822	www.fraspa1822.de	Frankfurter Sparkasse

Quelle: Handelsblatt / Tsp — Der Tagesspiegel / PM

Abb. 23

lagemöglichkeiten bei Aktien- und Investmentfondskäufen sucht, findet diese bei den obigen Direktbanken (s. Abb. 23, Seite 215).
Hier läßt sich Geld bei Aktientransaktionen ebenso wie beim Erwerb von Investmentfonds sparen. Darüber hinaus geht die Entwicklung der Banken immer weiter in die Richtung des Direkt-Banking.

Sollten Sie persönliche Fragen zu Ihrer Anlagestrategie in Euroland haben oder einen Vortrag bzw. ein Seminar rund um den Euro und seine Auswirkungen auf Kapitalanlagen planen, dürfen Sie sich gerne an den Autor wenden:

Karl-Heinz Bilitza
Speyerer Str. 10
76751 Jockgrim
E-mail: Kbilitza @aol.com
Tel./Fax: = 0 72 71/5 23 51

VII. Mit diesen Wechselkursen müssen Sie jetzt rechnen

Seit dem 1. Januar 1999 ist der Euro als gemeinsame Währung in elf europäischen Ländern eingeführt. Noch können Verbraucher in der Übergangsphase bis zum Jahr 2002 ihre Einkäufe in D-Mark abwickeln. Geplant ist, daß es erst ab dem 1. Januar 2002 Euro-Münzen und Euro-Scheine geben wird. Die folgenden Euro-Wechselkurse gelten im Zahlungsverkehr der EU-Länder untereinander. Dänemark, Schweden und Großbritannien, die zu einem späteren Zeitpunkt den Euro einführen wollen ebenso wie Griechenland, das die Konvergenzkriterien nicht erfüllt hat, sind noch nicht dabei.
Mit dem Zusammenschluß der elf Länder wurde erst ein Anfang gemacht. Die anstehende EU-Erweiterung und die Schaffung eines europäischen Beschäftigungspaktes gegen die Arbeitslosigkeit gehören zu den wichtigsten Aufgaben der kommenden Jahre.

Die Euro-Wechselkurse

Ein Euro entspricht:	
Deutsche Mark	**1,95583**
Belg. Franc	**40,3399**
Luxemb. Franc	**40,3399**
Span. Peseta	**166,386**
Franz. Franc	**6,55957**
Irisches Pfund	**0,787564**
Ital. Lira	**1936,27**
Holländ. Gulden	**2,20371**
Österr. Schilling	**13,7603**
Portug. Escudo	**200,482**
Finnmark	**5,94573**

(Quelle: EU-Kommission)

Für die Verbraucher ändert sich zunächst nichts. In vielen Geschäften sind die Preise in D-Mark und Euro ausgezeichnet.
Viele Verbraucherzentralen weisen aber auf einige Punkte hin, die bis zur Einführung des Euro-Bargeldes beachtet werden sollten:

Das Wichtigste nach der Euro-Einführung im Überblick

Darauf ist beim Zahlungsverkehr zu achten:

- Bei Überweisungen nicht vergessen, die Währungskürzel D-Mark oder EUR einzutragen.
- Beim Giro-Konto gilt der Grundsatz »weder Verbot noch Zwang«. Es bleibt Ihnen überlassen, zu welchem Zeitpunkt Sie Ihr Konto auf den Euro umstellen wollen.
- Bezahlen Sie die Rechnung in der Währung, die auch auf der Rechnung steht. Dadurch vermeiden Sie Probleme der Umrechnung. Das Umrechnen in D-Mark oder in Euro erledigt die Bank für Sie.
- Für die einmalige Umstellung Ihres Kontos in Euro entstehen keine Bankgebühren. Sie sollten die Umstellung dann vornehmen, wenn die meisten Ihrer Buchungen auch in Euro vorgenommen werden. So sind bereits einige Unternehmen dazu übergegangen, Löhne und Gehälter in Euro zu überweisen.

Darauf ist beim Einkauf zu achten:

- Bis Ende 2001 sind keine Euro-Münzen oder Euro-Scheine in Umlauf. Bis dahin können Euros als Bargeld also nur gefälscht sein.
- Rechnen Sie die Preise nach, wenn Produkte bereits in Euro ausgezeichnet sind und Sie mit Kreditkarte oder Scheck bezahlen.
- Mit Kreditkarte und Schecks können Sie bereits in Euro bezahlen, wenn der Händler dies akzeptiert.

- Viele Banken stellen Ihren Kunden kostenlos Euro-Taschenrechner zur Verfügung, bei denen der Umrechnungskurs bereits vorprogrammiert wurde. Damit erleichtern Sie sich die Umrechnung beim Einkauf.

Darauf ist bei Verträgen und Krediten zu achten:

- Die Umstellung bestehender Verträge in Euro kann nur mit Ihrer Zustimmung erfolgen. Ohne Zustimmung gelten alle bestehenden Verträge in D-Mark weiter.
- Achten Sie bei neu abgeschlossenen Verträgen auf Euro-Anpassungsklauseln im Kleingedruckten. Wenn Sie Zweifel haben, erkundigen Sie sich bei Verbraucherorganisationen.
- Vergleichen Sie Angebote in D-Mark-Tarifen mit Euro-Tarifen.

Darauf ist bei allen Kapitalanlagen zu achten:

Viele Betrüger werden die Euro-Umstellung für unsaubere Geschäfte nutzen wollen. Lassen Sie sich wegen des Euro nicht zu Geschäften überreden, die Sie sonst auch nicht abgeschlossen hätten. Es gibt keinen Grund, jetzt eine Flucht in außereuropäische Währungen anzutreten oder überstürzt Anlageentscheidungen zu treffen. Auch in Zukunft wird es darauf ankommen, eine ausgewogene Anlagestrategie anzustreben, bei der Ihre Ziele und Wünsche im Mittelpunkt stehen.

Register

